丛书主编：李永延

生存核心资源与战略成本控制

穆林娟◎编著

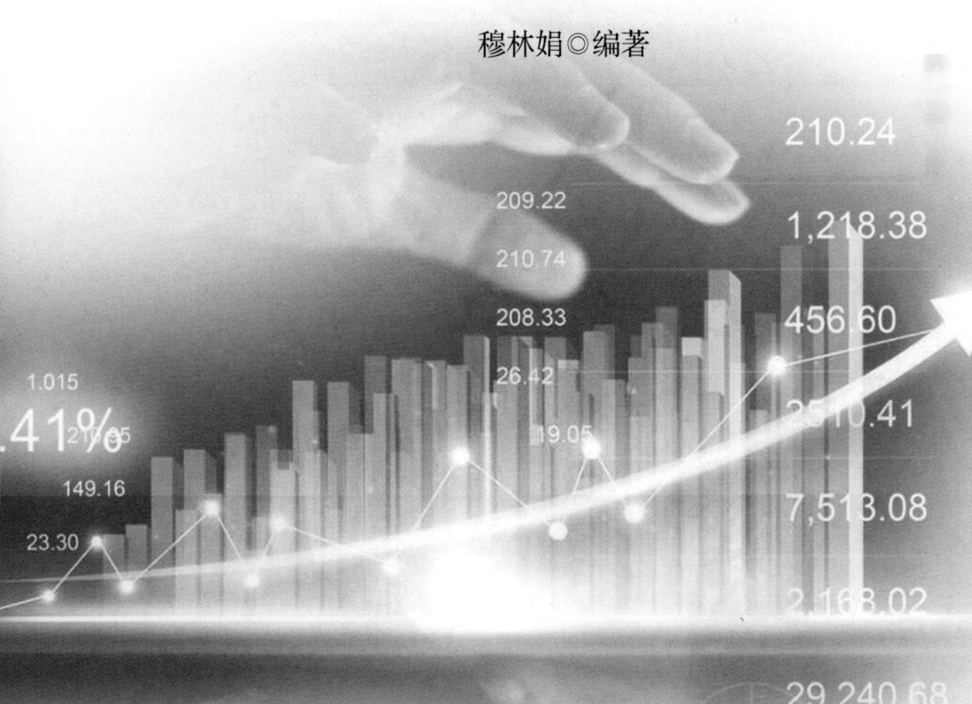

图书在版编目（CIP）数据

生存核心资源与战略成本控制 / 穆林娟编著. -- 昆明：云南大学出版社，2021
（纳税人俱乐部丛书 / 李永延主编）
ISBN 978-7-5482-4322-9

Ⅰ. ①生… Ⅱ. ①穆… Ⅲ. ①企业管理 Ⅳ. ①F272

中国版本图书馆CIP数据核字（2021）第111086号

策划编辑：赵红梅
责任编辑：蒋丽杰
装帧设计：刘　雨

生存核心资源与战略成本控制

SHENGCUN HEXIN ZIYUAN YU ZHANLUE CHENGBEN KONGZHI

穆林娟◎编著

出版发行：云南大学出版社
印　　装：昆明精妙印务有限公司
开　　本：787mm×1092mm　1/16
印　　张：12.75
字　　数：165千
版　　次：2021年6月第1版
印　　次：2021年6月第1次印刷
书　　号：ISBN 978-7-5482-4322-9
定　　价：45.00元

社　　址：云南省昆明市一二一大街182号（云南大学东陆校区英华园内）
邮　　编：650091
电　　话：（0871）65033244　65031071
网　　址：http://www. ynup. com
E-mail：market@ynup. com

若发现本书有印装质量问题，请与印厂联系调换，联系电话：0871-67122763。

总　序

2020年底，我在云南玉溪和普洱、海南海口、江苏南京和常州5个城市先后开了5场有企业总经理、财务总监参加的座谈会，以了解企业的经营情况。在会上听到的情况归纳起来为两种“不匹配”：一是企业经营与市场需求不匹配，二是企业经营与资金不匹配。这两种不匹配同时带来了两个“焦虑”：一是生存焦虑（包括企业和财务总监个人），二是大数据人工智能转型焦虑。两种不匹配和两个焦虑体现在财务上属于业财融合问题。为此，我建议我们北京财税研究院的陈雪飞副院长组织专家编辑出版业财融合方面的培训教材，以帮助财务人员提升业财融合的水平和能力。经过数月的努力，首批编辑出版了《生存核心资源与战略成本控制》《并购重组财税规划实务》《税务监测算法解密与智能化纳税管理》3本书，先听听读者的意见和建议。如大家觉得好，继续往下编辑出版。

3本书各有侧重，《生存核心资源与战略成本控制》以核心资源利用和配置，解决扼住企业发展咽喉的成本问题；《并购重组财税规划实务》在当前并购重组井喷时期，有效帮助投资者、企业在企业并购重组过程中解决财税处理方面存在的财务和税收规划业务问题；《税务监测算法解密与智能化纳税管理》是当下税务机关利用数字征管稽查需要快速掌握的应对技巧和自查方法，同时也有助于企业提升智能化税务管理能力。我们衷心希望这3本书能够帮助税务机关、投资者、企业财务人员等开展工作。

今天是个自我颠覆、范式跃飞的新时代。传统上让企业强大的资产、专业技能、大规模的劳动力、品牌传承等元素，在某种程度

上已成了企业的负担。依据自身资源，创造出满足消费者需求的独特产品和商业模式，才能使每个企业获得发展。作为企业数字管理中枢的财务管理部门，也因此正在经历一场大的发展变革。财务如何配合业务成为企业竞争的核心关键，作为以财税实务为研究核心的北京财税研究院，有义不容辞的责任，我们希望能够编出更多受财务工作者欢迎的书籍。

李永延

2021年5月24日

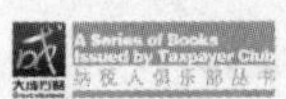

前　言

近年来全球经济一体化进程不断加快，同时贸易保护主义也不断涌现，这使得企业间的竞争不断升级和加剧，掌握核心资源，形成独特的核心竞争力就成为企业发展壮大的必然途经。而一些贸易保护者利用其掌握的核心资源如核心技术、金融资源等抬高竞争壁垒，获取超额竞争优势。多国之间的贸易战，新冠疫情的冲击，在经济环境不确定的情况下，企业竞争环境瞬息万变，市场波动远超预期，比如美国股市短时间内的多次熔断、石油期货负成交价等新风险不断涌现。新的需求、理念及组织形式不断出现，对传统的、以降低物耗为基础的成本管理理念造成巨大冲击，在此背景下，核心资源的长期获取与配置是企业战略成本管理的基础任务，也是“扼住企业未来与发展咽喉”的重要手段。因而，资源配置就要有进有退、有取有舍，获得整体的最优。企业对不同来源、不同层次、不同结构、不同内容的资源进行识别与选择、汲取与配置、激活和有机融合，使其具有较高的价值性，并创造出新的资源；通过组织和协调，把企业内部彼此相关但却彼此分离的职能，把企业外部既参与共同的使命又拥有独立经济利益的合作伙伴整合成一个为客户服务的系统，取得1+1>2的效果。

本书采用案例研究的方法，在梳理国内外实务界和学术界相关的实践和理论成果的基础上，首先厘清资源、能力、资产投入、战略成本管理等基本范畴，阐述企业的核心资源概念和种类，通过多案例分析的方法，分析有形资源（包括实物资源和财务资源）管控与配置过程中的流程与成本分析，厘清无形资源（包括人力资源、技术资源和声誉资源等）的形成路径与成本构成，讨论管理资源（包括组织结构、管理制度和业务流程等）产生的管理行为及其经济结果。进而提出核心资源配置是构成企业战略成本和核心竞争力的基础的基本假定，并对核心能力、核心配置和战略成本的内在特点转化路径进行分析，讨论企业培育核心资源、核心资源转化为核心能力的几个重要模型，再对企业获取核心资源持续战略成本管理的方法等问题逐一进行阐述和剖析。

本书由穆林娟总撰和负责部分案例的编写，赵苓君参与第一章和第二章编写，郭元结参与第三章编写，皇博参与第四章编写，封新雨参与第五章编写，邓婕和牛亚男参与第六章编写。

目录

第一章

绪论

第一节 研究背景

一、全球竞争加剧

随着全球经济一体化进程的深入，贸易全球化、投资全球化、金融全球化等使得各国之间经济往来日益密切。在经济全球化的过程中，国际分工明显，发展中国家的地位不断提升，我国作为全球最大的发展中国家，成为“世界工厂”，这给我国企业带来巨大的发展机遇，但同时也使得企业之间竞争加剧。在科学日新月异的今天，社会产业结构不断优化变革，商业模式不断创新，企业在管理模式上也应与时俱进。尤其在互联网时代，电子商业模式迅速发展，给线下的实体商业造成很大冲击，而且由于电子商业模式低成本、无中间商等优势，越来越多的企业转向线上销售模式，使得企业之间的竞争不断加剧。在此背景下，传统的成本管理已经无法适应企业的生存发展要求，企业要想处于不败之地，必须对自身进行科学合理的成本管理，拥有核心能力，才能拥有持久的核心竞争力，这对企业的成本管理提出了更高要求。相对于传统的成本管理，战略成本管理不仅仅是基于企业的某个产品或者某个生产环节进行的降低成本的管理活动，而是基于战略的宏观层次，结合企业的外部市场环境和企业本身特点及竞争优势，将企业内部拥有的核心资源加以合理配置和整合，指导企业选择合适的发展战略，形成自己的核心竞争力，是具有前瞻性、动态性的灵活的成本管理模式。战略成本管理是在曲折中不断成熟的，20世纪80年代，Simmonds最先提出战略成本管理一词，随后罗宾·库珀将竞争力引入企业的成本管理中，罗宾·库珀、桑克及克兰菲尔德依据自身理论形成了著名的“三大战略成本流派”，战略成本管理理论蓬勃发展；全球一体化将生产环节在全球进行分工，各企业为了降低成本将生产工序外包，产生了跨国成本管理；互联网技术迅速发展，使虚拟网络中的人的成本管理成为成本管理的关注点，战略成本管理是随着时代更迭不断更新发展的管理思想。

目前，已经有越来越多的企业意识到战略成本管理的重要性，并积极将其运用于企业实践中。运用战略管理中的作业成本法对生产活动进行成本动因分析，不断改进企业的生产工艺，达到从根本上降低企业成本的目的，从而不断加强企业的创新能力，形成自己的核心资源。只有将战略思想引入成本管理，发挥成本优势，才能拥有核心竞争力，拥有企业发展的不竭动力。

二、中美贸易争端持续升级

中国和美国都是世界上的大国，中美关系一直备受世界关注。2001年中国加入世贸组织后，两国的贸易摩擦就不断升级，美国多次对中国进行“反倾销”调查。1980年首次对我国薄荷醇进行反倾销调查，1980—2019年，美国对中国共发起175起反倾销调查案。2017年，中美关系进一步恶化，2018年4月中美贸易战正式爆发，

美国贸易保护案件逐渐从家具、服装等低端制造业向我国的高新技术产业转变。到目前为止，中美贸易冲突仍在持续。

我们回顾一下2018年的中兴事件，事件起源是美国认为中兴通讯违反了与美国签订的对伊朗的禁运协议，向伊朗出售禁运设备，在2012年对中兴通讯进行了长达5年的调查；2016年3月，美国将中兴通讯列入“实体名单”；2017年美国对中兴通讯开出了8.92亿元的OFAC行政罚款和3亿美元的BIS行政罚款，7年内暂缓执行，协议规定若7年暂缓期满履行了协议要求，该罚款将被豁免；2018年4月16日，由于中兴通讯未能履行协议内容，美国宣布对中兴通讯激活长达7年的禁令；2018年，中兴通讯支付美国14亿美金罚款，在10年后获得豁免，于30天内更换董事并聘任一名独立特别合规协调员监督中兴通讯遵守执行《美国出口管理法案》；2018年7月，美国将中兴通讯从《禁止出口人员名单》中移除。根据美财政部及商务部工业安全署在2013财年到2017财年对同类型事件的统计，美国对中兴通讯进行了历史上最大处罚，两次处罚金额合计达到25.9亿美元，占其30年取得净利润的80%，超过了美国5年内对其他企业的罚金总和。

华为事件也是大家关注的焦点，华为事件的起因与中兴通讯事件一致，都是因为美方认为企业向伊朗出售禁运设备。2018年12月1日，加拿大政府代表美国对华为副总裁孟晚舟进行了暂时扣留；2019年1月8日，华为就未按公平条款授权专利起诉美国科技公司；2019年1月24日，美国司法部对华为提起了刑事诉讼，包括13项指控，同时华为在全球获得了30个国家的5G商用合同，美国、澳大利亚、加拿大等国却宣布本国内禁用华为5G设备；2019年5月15日，美国总统特朗普宣布美国进入紧急状态并签署行政令，将华为及其70家附属公司列入“实体名单”；2019年5月17日，华为宣布备用芯片转正，并表示，美国的禁令不会对华为造成很大影响；2019年5月30日，WiFi联盟、蓝牙技术联盟和JEDEC协会等行业组织，恢复华为的成员资格；2020年5月15日，美国商务部宣布为保护美国国家安全，限制华为使用美国的技术和软件；2020年6月30日，美国联邦通信委员会将华为和中兴通讯等企业列为“国家安全威胁”；2020年11月，由于美国政府的禁令，导致美国芯片行业的大量库存积压，亏损500亿美元，半导体行业损失近1700亿美元，美国商务部表示，美国政府将逐渐放松对华为的禁令。

中兴通讯和华为在我国通讯领域具有举足轻重的地位，企业体量巨大，但同样面对美国政府的压制，中兴通讯在美国宣布启动禁令的20天后发布公告，受美国禁令的影响，由于芯片不足，其主营业务已经无法进行，导致了长达3个月的停产，其关键就在于中兴通讯没有核心竞争力，缺乏对高新技术的研发创新能力，导致其处于落后就要挨打的局面。华为在受到美国举国之力的打压后，发布2019年上半年销售收入4013亿人民币，同比增长23.2%，净利润率8.7%，在财富500强中，华为升至第61位，2020年挤进了前50。同样面对特殊局势，华为不仅顽强生存下来，还能够实现逆势增长，关键就在于华为的研发能力，其自行研发的麒麟芯片、HMS生态、鸿蒙系统，领先世界的5G技术，是华为的核心竞争力，也是华为的生存之道。

三、新冠疫情突发事件

2020年年初，新冠肺炎疫情来势凶猛。我国政府为保障人民安全，采取停工停产等措施，疫情防控期间，线下商业基本处于停滞状态。而春节期间是消费的高峰期，很多企业会为了迎接春节前的消费高峰而做足准备，疫情的突然袭击，使得很多企业措手不及。

据统计，2020年一季度中国社会消费品零售同比下降19%。

疫情来袭，餐饮业首当其冲。餐饮业一般在春节前会准备平日3倍到5倍的菜品，而疫情期间，人们都处于隔离状态，备货过期、房租及人工成本等，使很多企业因资金困难而面临破产困境。以海底捞集团为例，其核心竞争力就是其服务，但在疫情期间，人们足不出户，服务这项核心竞争力毫无优势，而且很容易被竞争者弱化，现在已经有很多同行模仿海底捞的服务模式，高品质服务并不是一项可持续的核心竞争力，外卖的劣势也在疫情期间凸显。

对于劳动密集型的制造业企业，疫情也带给其巨大冲击。中国是世界的制造工厂，在武汉封城后，世界产业链在中国中断，工厂无法进行生产和发货，许多国外制造商提出转移产业链的想法。疫情让制造业企业重新思考，虽然新冠疫情是突发事件，但数字化是制造企业发展的必然趋势，企业要想生存就必须要加快企业的数字化进程，将产品设计、工艺以及生产制造等全部流程数字化，推动用机器代替人工，制造企业通过将工作线上化、生产自动化和运营数字化推动战略成本管理，形成自身核心竞争力。

第二节　基于核心资源的战略成本管理意义

战略成本管理是基于战略管理思想而产生的。成本一直是企业重点关注的指标，许多企业致力于降低自身的生产成本以谋求更高的利润。战略成本管理将企业的成本管理与企业的战略管理结合起来，将战略思想引入成本管理，但与传统管理有很大区别。战略成本管理在宏观战略层面对企业的成本结构以及动因进行分析，帮助

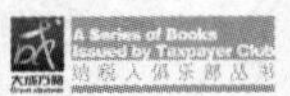

企业找到合适的发展战略，形成企业的核心竞争力；帮助企业长远发展，走出我国企业“做大做不强，做强做不久”的困境，战略成本管理对企业的长远发展有重要意义。

一、战略成本管理有利于实现企业的整体目标

全球经济一体化，高新技术蓬勃发展，先进的技术改变了企业以往重点关注原材料、人工等成本的管理模式，而更加注重间接制造费用、研发支出等方面的成本。产品生命周期的不断缩短，使得企业必须更快地进行产品的升级换代。顾客不仅对产品的价格和质量有要求，更要求其相对于竞争产品应有自己的特性，顾客导向成为企业生产研发的一个重要标杆，因此，企业的成本管理也必须要考虑到顾客需求，为顾客创造价值。同时，企业管理模式也在不断改进，越来越多的企业采用学习型组织、基于激励机制的团队模式等新型管理模式，也要求成本管理不仅仅是基于传统的成本管理，而要求提供更多的包括财务指标和非财务指标的成本信息。这些都使得传统的成本管理模式无法适应公司发展的要求，企业必须进行战略成本控制。战略成本管理是一种全方位、多角度、突破企业边界的成本管理模式，如今的成本结构中，中端产品由于利用新技术以及生产实现自动化，其成本比重不断下降，前端和后端的成本比重在逐步增加，战略成本管理将生产前与生产后的各阶段和管理要素联系起来作动态分析。它突破了传统成本管理把成本局限在微观层面上的原始研究领域，把重心转向企业整体战略这一更为广阔的研究领域，有利于企业正确地进行成本预测、决策，从而正确地选择企业的经营战略，正确处理企业发展与加强成本管理的关系，提高企业整体的竞争能力。

二、战略成本管理有利于企业获得长久竞争力

战略成本管理不仅仅在微观层面对企业进行成本管理，而且以企业的发展战略为首要前提进行成本管理。面对企业的长远未来发展，有许多企业曾经拥有自己的核心竞争力，在成本上具有竞争优势，但是随着企业的不断发展，企业的核心竞争力慢慢减弱，传统的基于某个产品或者局部进行的成本管理，无法提升其核心竞争力，最后企业会慢慢衰落。这时企业必须有一个正确的战略对企业的生产运营活动进行引导，使得企业的核心竞争力能长久保持。核心竞争力是一个企业能够长远发展的动力，而要形成企业的核心竞争力，就必须将战略成本融入企业的战略管理中，让企业从市场调查到生产过程各个环节的成本管理都基于企业的战略发展，使企业战略具有动态适应性。因此，以战略为基础的成木管理也会保持动态适应性，使企业保持竞争活力，且在这种情况下，企业成本的管理是有意识的主动管理，能够保证企业战略发展。

此外，企业有发展、成长、成熟和衰退四个生命周期，在企业发展的不同阶段，企业所面临的外部威胁、机会以及内部资源的劣势、优势都是不同的。在企业的发展阶段，企业的研发能力较弱，企业在这个过程中更可能通过提高对设备的利用效率和技术的不断成熟降低企业的成本；在企业的成长阶段，企业不断引入新设备、新技术和人才资源，不断提高产品生产效率和质量；在企业的成熟阶段，企业已经进入稳定发展阶段，获得规模经济，此时必须加大对产品的研发投入，不断对企业产品进行创新，否则很容易被其他企业所超越，失去其市场份额；在企业的衰退阶段，此时更重要的是进行创新，以使企业获得异于其竞争者的核心竞争力，维持原有的市场份额和盈利能力，然后进入新一轮的生命周期。因此，企业

不同阶段，其面临的政治经济环境、市场环境以及企业自身所拥有的资产积累和财务状况等都有很大差异，因此企业也应在不同的发展阶段采取动态的成本管理，与企业的战略一致，这样才能更好地服务于企业的战略发展，获得持续的核心竞争力，使企业具有不竭的生存发展动力。

三、战略成本管理有利于企业培育核心竞争力

企业核心竞争力的形成离不开企业核心资源的有效配置。企业必须对核心资源进行合理配置，进而培养企业的核心能力。从战略出发的成本控制管理，通过价值链分析、战略定位分析等一系列战略管理手段，更容易帮助企业找准自身定位，迅速了解企业的生产经营情况和自身优势所在，进而对企业内部资源进行战略层面的整合，构成企业核心能力，形成核心竞争力。在众多战略成本管理的价值链分析中，我们可以发现价值链中的主导企业（无论是生产主导还是渠道主导）实施价值链成本管理可以获得超额收益，即使处在价值链微笑曲线低端的生产企业，其主动实施价值链成本管理也能受益匪浅。阿里巴巴便是如此，其拥有庞大的现金流，在投资方面，进行间接投资，从而大大分散企业的投资风险；在人才资源方面，在全球范围内招募优秀人才，培养顶级的管理人才以及技术研发人才；在企业文化这种无形资源上，主张"客户第一，员工第二"的价值观，更好地满足客户需求，也大大激励了员工。阿里巴巴开展战略成本管理，将其自身的优势以及企业内部资源合理配置，不仅使企业获得成本上的降低，更重要的是通过将企业的核心资源进行整合，使企业形成独特的核心竞争力，也使企业成长获得了源源不断的动力。

第三节　本书的主要内容

一、资源、能力、成本管理与核心竞争力的关系

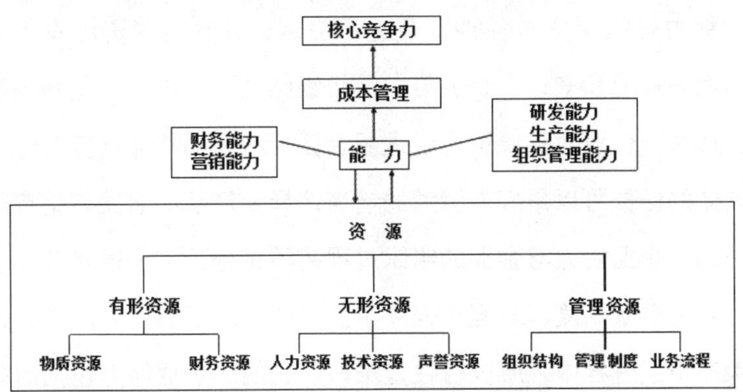

图1.1　资源、能力、成本管理与核心竞争力的关系

资源是企业决策的基本依据之一，是决定企业发展前景的主要要素。所谓资源，指的是可以被利用以创造社会财富的一切有形和无形的客观存在，是指服务于企业生产经营过程中并能为企业所控制或拥有的有效要素的总和。而企业战略资源则指能够给企业带来竞争优势的有效要素。进行资源分析的目的是为了明确资源在企业可持续发展的过程中的基础作用，从战略角度分析企业资源所带来的能力的大小。一种较为简单和经典的分类就是把企业资源分为有形资源、无形资源和管理资源。有形资源是那些可见的、以实物形式存在的资源，它们通常能够量化，例如机器设备、土地、资金、货物等。有形资源可以分为物质资源和财务资源。无形资源是指那些非实物的资源，这类资源通常与企业的历史有密切关联，是企业长期积累下来的资产。因此，这类资源往往是竞争对手难以了解和模仿的。无形资源可以分为人力资源、技术资源和声誉资源，例如知识产权、管理能力、品牌等。管理资源是组织拥有的，或者可以直接控制和运用的各种要素，这些要素既是组织运行和发展所必需

的，又是通过管理活动的配置整合，能够起到增值作用的，还是为组织及其成员带来利益的。管理资源分为组织结构、管理制度和业务流程。

能力是指企业对各种资源进行协调，并将这些资源投入生产性用途的技能和知识。企业能力是组织结构、流程和控制系统的产物，产生于企业对资源进行合理组合以完成一项具体任务之时，这些具体的任务可以是人力资源的恰当选择、产品的研发与销售等业务活动。企业能力与企业的组织过程密不可分，它们通常蕴藏于一个组织的规章制度、流程与程序中。但企业的能力是无形的，通常嵌入在组织过程中，所以往往是难以识别的。企业能力包括财务能力、营销能力、研发能力、生产能力以及组织管理能力。通常，企业可能会拥有稀缺的和有价值的资源，但是如果没有有效运用这些资源的能力，企业也无法创造出独特的企业竞争力。更重要的是，即使企业并不拥有独特的资源，它们也可能创造出竞争优势，例如，当企业拥有竞争对手所缺的组织能力时，企业就能比竞争对手更有效地运用并不独特的资源。

成本是企业生产和销售一定种类与数量的产品所耗费的资源用货币计量的经济价值。企业为进行生产经营活动，购置各种生产资料或采购商品，而支付的价款和费用，就是购置成本或采购成本。随着生产经营活动的不断进行，这些成本就转化为生产成本和销售成本。在企业的管理中，成本管理占据着核心的地位，其重要性更是逐渐凸显。在激烈的市场竞争中，企业要想赢得一席之地、全面提升企业的核心竞争力，就必须设法降低企业的生产经营成本、提升成本管理效率，为谋求企业的长远发展奠定基础。企业要想在激烈的市场竞争中站稳脚跟，就必须以最少的资源消耗创造出最大的经济效益。也就是说，企业必须不断加强成本管理，从战略的高度、价值链的角度设法降低企业的生产成本，才能实现自己的战略发展规划和目标。

战略管理研究的一个基本议题就是如何获取竞争优势。通常而言，竞争优势的一个明显表现就是企业能够比竞争者向顾客提供更高的价值，价值是由一项产品的功能和顾客愿意为之支付的产品属性来衡量的。因此，企业需要做到了解顾客价值和有能力为顾客提供合适的价值。如果没有认识到顾客的价值所在，或者错误地界定顾客的价值，企业的经营就会受到影响。但即使正确认识到了顾客所看重的产品能够为之带来的价值，也并不能保证企业能够获得竞争优势。这是因为如果企业不具备相应的资源和能力，同样无法为顾客创造出价值。因此，价值的创造主要是由企业通过对自身所拥有的资源和能力进行创新性的组合利用而实现的。

企业的资源与能力是战略资源基础观学派所提出的概念。资源基础理论是战略管理领域的重要理论，同时也是理解企业竞争优势的重要理论依据。1959年，Penrose所著的《企业成长理论》是资源基础观理论基础被赋予的标志，研究提出“组织不均衡成长理论”，从经济学角度深入分析作为企业成长基础的企业资源和能力的突出特征和功能，并把资源和能力作为企业获得持续竞争优势的源泉，至此结束资源基础观局限于观念讨论的态势。之后经过多位学者对资源基础观理论的继续研究，Barney（1991）发表的“企业资源与持续竞争优势”一文将以往分散的资源观进行系统整合，初步构建起企业资源基础观的理论框架，该文主要对战略性资源进行概念区分，提出构成可持续竞争优势的战略性资源要素具备的特征，认为只有那些稀缺的、有价值的、难以模仿和不可替代的资源才是企业竞争优势的真正来源。

综上所述，资源是能力的基础，当企业拥有了与其他企业不同的、稀缺的、有价值的、难以模仿且不可替代的资源时，即拥有了资源优势。在此基础上，企业应该不断加强对资源的整合、利用能力，使资源得到有效地配置，进而从战略的角度进行成本管理，逐步形成企业的核心竞争力，获得持续竞争优势。

二、本书内容概述

本书在理论上并无太多的创新和突破，但本书有相对成体系的战略成本框架，将企业的有形资源、无形资源和管理资源三类核心资源与企业的战略成本管理相结合，对相关案例进行分析，为求知者学习战略成本管理以求获得核心竞争力提供系统指导。

本书共分六章：

第一章绪论，介绍了企业的生存核心资源和战略成本控制的研究背景和意义，对本书主要内容与特色进行说明。

第二章主要对战略成本管理进行介绍。本章简述了战略成本的发展过程，从战略成本的含义、特征、要素、模式等方面做了详细阐述，并对战略管理成本的价值链分析、战略定位分析以及成本动因分析进行了详细介绍。

第三章主要对企业的核心竞争力进行分析。本章首先对核心竞争力的内涵、构成要素以及基本特征等理论基础进行了详细地阐述，同时介绍了企业核心竞争力的识别与评价方法；其次介绍了核心竞争力对企业的重要性，并提出了提高核心竞争力的有效措施。

第四章主要介绍了无形资源的战略成本管控。本章对无形资源的战略成本进行界定，并对其战略特征进行说明，企业的无形资源更具战略性特征，给企业带来竞争优势的可能性最大，应属于企业生存核心资源。无形资源分为技术资源、人力资源和声誉资源，文中主要对前两种进行案例分析。对于技术资源，借用华为、中兴、

联想来说明技术资源的掌握与企业获得核心竞争力之间的关系；对于人力资源，借用苏宁易购员工持股计划成功案例和*ST康得员工持股计划失败案例的对比分析，来说明人力资源对企业的重要性。

第五章从有形资源的角度出发进行研究。在资源的分类中，有形资源又可分为物质资源与财务资源，其可被较为容易地识别和评估，并在企业的各项会计报表中得以反映。物质资源的差异、财务资源配置方式的不同选择会对一个企业的生产成本、收益水平产生影响。本章分别从物质资源、财务资源两个方面阐述了有形资源的战略成本分析内涵以及如何利用企业所拥有的有形资源进行成本管理，帮助企业形成核心竞争力。

第六章从管理资源的角度，探讨企业管理核心能力的形成。在阐明管理资源相关定义后，重点从其中的组织结构、管理制度、业务流程三方面具体阐述管理资源的战略成本内涵，分析企业如何更好地对管理资源进行战略管理，从而形成自身的竞争优势。最后，选取了关于股权设计、国有企业混合所有制改革以及业务流程再造的三个典型案例，对管理资源与企业核心竞争力的关系进行进一步的阐释。

第四节　本书的特色

第一，以我国著名企业为例，按企业的有形资源、无形资源和管理资源分类，对企业的战略成本管理进行介绍。

在有形资源的战略成本管理部分，根据有形资源可分为物质资源和财务资源，文中分别选取了国际铁矿石定价权和雅戈尔企业的金融化进行具体案例分析。物质资源分析围绕国际铁矿石定价权展开，因为我国铁矿石资源不足，使得我国不得不从国际市场进口铁矿石。国内资源的不足、行业集中度不够等一系列原因使得我国在国际市场上并没有决定铁矿石价格的权利。对此，我们在案例分析中也提出了一些解决方案。财务资源分析围绕雅戈尔集团的金融化进程及其经济结果展开。财务资源的配置方式有多种，对财务资源进行有效配置可帮助企业进行战略成本管理，进而形成核心竞争力。雅戈尔选择了金融化的方式进行财务资源配置，在对财务资源进行有效配置后，企业的金融收益有所提高，但一定程度上对企业的主营业务产生了影响。因而企业如果想形成自己的核心竞争力，需平衡好金融化程度和主营业务之间的关系。

在无形资源的战略成本管理部分，案例分析仅涉及无形资源中的技术资源和人力资源两部分。技术资源部分将华为、中兴和联想进行对比分析，包括三个企业的技术路径、对技术资源的控制程度以及成本和产出。用研发费用和研发费用占比来衡量技术成本，用毛利率来表示技术资源的异质化程度，毛利率越大说明技术含量或产品异质化程度越大，企业的技术也就越有优势，掌握核心技术资源会为企业带来竞争优势，以此对比这三家企业的核心竞争力。对于人力资源成本部分，运用了苏宁易购员工持股计划成功案例和*ST康得员工持股计划失败案例，进行对比分析。对苏宁易购员工持股计划进行具体分析，说明成功地实施员工持股计划为公司带来了哪些好处，员工持股计划的实施效果是怎么样的。通过对*ST康得员工持股计划进行分析，发现随着员工持股计划的失败，给公司和公司员工带来什么样的影响。对比两家公司能够看出，适时推出员工持股计划可以提高员工积极性，使公司得到更好更长远的发展。

在管理资源的战略成本管理部分，选取了阿里巴巴、中航油以及海尔三家典型的企业，分别对组织结构、管理制度和业务流程的

战略成本内涵进行具体的案例分析。组织结构方面，阿里巴巴认识到传统的“同股同权”股权结构容易使企业稀释控制权且不利于企业战略目标的达成。为了传承经营理念，保证创始人战略思想的实施，采用“同股不同权”，创立“合伙人制度”，把控制权牢牢掌握在创始人手中，这使阿里巴巴形成自己独特的竞争优势，有利于企业的长远发展。阿里巴巴合伙人制度的成功，给其他企业的股权设计提供了新的思路、新的方法，具有启迪作用。管理制度方面，介绍了中航油的混合所有制改革历程。混合所有制改革是创新国有企业管理制度的有效途径，利用“鲶鱼效应”能充分释放国有企业的活力，这也为国有企业管理制度创新带来了很好的示范作用。业务流程方面，介绍了海尔精细的业务流程和自主经营体制度的创新。在创新自主经营体制度过程中，海尔业务流程不断得到改造优化，从而能快速满足客户需求，提高企业竞争力。

第二，从“扼制企业”发展的核心资源配置的角度，探讨成本管理问题，视角新颖，意义重大。

目前，对战略成本管理的研究，大多是基于战略成本的价值链分析、战略定位分析和成本动因分析的视角开展的，很少将企业核心资源与战略成本管理相结合，本书从企业核心资源出发，研究基于企业核心资源的战略成本管理。市场环境竞争激烈，企业为了使自己的优势产品不会在市场中失去竞争优势，必须培育企业自身的核心竞争力。核心竞争力的培育必须以企业的核心资源为中介，因此，本书研究基于核心资源配置的战略成本管理，研究与企业生存至关重要的核心资源与战略成本管理的关系。我们发现，培育核心竞争力的成本管理不仅有利于企业降低成本，而且通过对核心资源的合理配置，可以使企业形成核心竞争力，让企业更好应对外界市场变化，保持竞争力和成长势头。

第二章

战略成本管理与核心竞争力分析

第一节 战略成本管理的发展

安索夫在其1976年出版的《战略计划走向战略管理》一书中首先提出了企业战略管理一词。他认为，“企业战略管理是指将企业的日常业务决策同长期计划决策相结合而形成的一系列经营管理业务”。之后，美国学者斯提纳等人对企业战略管理的定义提出了不同的见解。综合对企业战略管理的不同见解可以看出，战略管理是一种不同于传统职能管理的崭新管理思想和管理方法。其基本内容是：指导企业全部活动的是企业战略，全部活动的重点是制定战略及实施战略。而制定战略和实施战略的关键是对企业内外环境条件进行分析评估，并在此基础上确定企业战略目标，进而使三者之间形成动态平衡。

战略成本管理的概念由英国的著名管理学家Kenneth Simmonds在20世纪80年代最早提出，他主要从企业在市场中的竞争地位这一视角对战略管理会计进行研究，所以仅仅对战略成本管理做了一些理论层面的探讨。

20世纪90年代，战略成本管理的研究得到了发展。美国的会计

研究人员桑克（1992）提出了桑克模式的战略成本管理，桑克等人在波特研究的基础上，接受了西蒙教授的观点，于1993年出版了《战略成本管理》一书。他们通过对成本信息在战略管理的四个阶段（战略的简单表述、战略的交流、战略的推行、战略的控制）所起的作用的研究，将战略成本管理定义为“在战略管理的一个或多个阶段对成本信息的管理性运用”，使战略成本管理的理论和方法更加具体化。在欧洲方面，克兰菲尔德工商管理学院的管理学研究人员也逐渐开始研究战略成本管理。桑克得出的研究成果是，战略成本管理的实施可以分四个步骤进行，战略成本管理就是在一个或者好几个步骤管理并利用成本信息。后者使用战略成本管理来诊断公司问题的争议选项，首先使用成本效益分析来对计划进行评测，然后再实施规划。之后得出一个最适合的方案，把它用于企业成本管理，最后根据具体使用的情况和效果进行不断迭代和调整。迈克尔·波特（1996）教授在《竞争战略》和《竞争优势》这两本书中也提到了战略成本管理，其中有这样一个观点：在企业管理当中有多个方面都可以应用到价值链分析，比如一方面可以用在分析战略成本上，一方面也可以用于竞争战略的分析，通过对价值链分析的综合运用来不断更新战略成本管理方案。关于价值链的另一个观点是：公司的各项生产营运活动都是可以利用价值链来进行分解的，这能够从微观上把握战略的实施，这揭示了成本结构及其变化，让成本领先和差异化战略可以很好地用在企业管理当中。1998年西蒙教授在《战略管理会计》这本书中站在企业会计的角度首先表述了“战略成本核算”的概念。在战略成本核算的基础上，公司通过比较自己和竞争者的一些指标，比如利润率、商品定价和产品成本等状况，为管理者提供战略决策所需的信息，让公司在制定战略时有一定的参照物。战略成本管理就是作为一个工具来服务于公司，推崇作业成本制度的美国学者罗宾·库珀和斯拉莫得提出了以作业成本制度为核心的战略成本管理体系，他们为战略成本管理做出了明确界定：战略成本管理指企业运用一系列成本管理方法来同时达到降低成本和加强战略地位之目的，战略成本控制是战略成本管理的核心部分。

在过去的20年中，由于国内企业开始逐渐进行战略管理实践，所以在这个浪潮的影响下，我国的相关学者开始研究战略成本管理理论。但由于起步时间晚，我国的战略成本管理不管是理论研究还是应用研究都落后于西方发达国家。1995年，余绪缨等老一辈会计学家在《当代财经》上第一次公开发表了以战略成本管理为主题的论文，开启了国内最早关于战略成本管理理论的研究。其论文主要内容就是在作业成本上面做文章，认为在电子技术革命的基础上形成的生产高度的电脑化、自动化，使产品生产从订货开始，直到设计、制造、销售等所有阶段，所使用的各种自动化系统综合成一个整体，由中心电脑室统一进行调控，这为生产经营管理进行革命性的变革提供了技术上的可能，这正是现代经济中，技术—管理—经济相辅相成的具体体现。从1999年到2003年，西南财大课题组针对此研究主题，组织了一批研究人员开展关于战略成本管理的理论性研究，相继发表了一系列的研究成果，这也是我国首次在战略成本管理理论方面较有规模的系统性研究。2000年，学者夏宽云把价值链、成本动因以及战略定位综合起来进行了探讨和论述，这可以说是微观的并且系统的、全面的关于战略成本管理具体内容的阐述。陈轲博士于2001年出版了专著《企业战略成本管理研究》，主要从基本理论与应用理论两个层面对战略成本管理的理论与方法及其信息系统构建展开了系统研究。焦跃华（2001）提出了战略成本管理的基本思想，包括成本的源流管理思想、与企业战略相匹配思想、成本管理方法、措施的融入思想和培养职工的成本意识；其提出的战略成本管理的方法措施体系，包括战略成本分析体系、成本管理的战略方法、措施体系以及成本管理保障措施体系和绩效评价体系。乐艳芬在2006年研究并解释了一家企业的竞争优势的建立肯定是离不开战略成本管理的，而且企业想要长期稳定地发展，也一定是离不开战略成本管理的，她得出的结论就是：战略成本管理是在企业良好发展结果中充当必要条件的不可或缺的一环。2015年，张颖发表了《战略成本管理研究评述》，对战略成本管理研究分析方法做出了合理的评价，为战略成本管理基本分析方法的规范做出了参考性贡献。2016年，周博把传统的成本决策和站在企业总体战略目标上的战略成本动因联系了起来。2017年，辛建生、杨角讨论了在战略成本管理这样新的视角和方法上，企业竞争优势是如何建立的，这为本书提供了关键理论依据。2018年，乔钰从战略成本管理的概念、价值链和成本视角出发，分析了当前战略成本管理过程中存在的问题，并提出相关的改进建议。2019年，胡立峰就企业战略成本管理的特点及其对高新技术企业的重要性进行了分析，然后结合高新技术企业的战略成本管理过程对当前我国高新技术企业战略成本管理存在的问题以及应对策略进行探讨。

总的来说，国内的战略成本管理研究还落后于国外在此方面的研究。国外学术界在战略成本管理方面的研究较国内成熟，已经运用到了很多企业的实践当中。国内学术界在战略成本管理上的研究起步晚，很多研究还有待继续完善。国内的研究当中很多只是形成了比较粗略的基本理论框架，理论与实际案例结合的研究不多且处于初期摸索阶段。从研究角度来看，国内外学术界在战略成本管理方面的研究主要还是侧重于理论研究和实证研究，在理论体系方面出现了很多成果，但是与实际案例结合的应用研究相对较少。因此，本书从企业的无形资源、有形资源和管理资源三个角度出发，将现有的战略成本管理理论和实际案例相结合，选取有代表性的公司进行案例分析，这对我国理论界和商业界在战略成本管理方面的探索都有较强的参考价值。

第二节　战略成本管理概述

一、战略成本的含义及特点

（一）成本管理

成本管理的含义是指公司在运营的过程中，管理层为了保障公司的基本权益所采取的一套系统的成本管理行为，比如成本决策、成本核算和成本控制以及成本分析等。成本规划、成本核算、成本控制以及业绩评价组成了成本管理的四个部分。首先，成本规划是指根据公司的市场竞争环境以及市场经济环境，为成本管理做出一个总体的规划，为公司制定具体的成本管理措施和方针提供一个总体的思路的过程。然后，成本核算是指把公司中所有产生的实际成本精确计算出来，这样可以综合利用这样的成本信息服务于成本管理体系。其次，成本控制是指在参照并利用成本计算提供的信息的基础上，采取各项措施来控制成本和降低成本的一系列成本控制活动。最后，业绩评价是指公司在实施成本控制之后，对成本控制效果进行各项评估，其目的是不断改善原有的成本控制活动。在企业管理中，成本管理是一个至关重要的组成部分。成本管理需要系统全面、科学合理地对企业成本进行有效控制，这是提高企业综合管理水平的一个重要前提和基本保障。

（二）战略成本管理

所谓的战略成本管理是指成本管理人员提供企业本身及竞争对

手的分析资料，帮助管理者形成和评价企业战略，从而创造竞争优势，以达到企业有效地适应外部持续变化的环境的目的，也就是在考虑企业竞争地位的同时进行成本管理。

与传统的成本管理方法不同，战略成本管理（strategic cost management，简称SCM）是战略管理与成本管理结合的产物。其运用战略对企业进行管理，将非价值管理的手段融合其中，使用专门方法提供企业本身及其竞争对手的分析资料，站在战略的高度对企业成本行为与结果进行全面了解、控制和改善，旨在取得和保持企业的长期竞争优势。简而言之就是以战略的眼光从成本的源头识别成本驱动因素，对价值链进行成本管理。

（三）战略成本管理的特点

新的制造环境和新的管理观念是现代成本管理得以建立和发展的基础。认识战略成本管理的特点，有助于战略成本管理的理论建设和方法体系的构造。现代成本管理具有全局性、长远性、目标多元性、战略优先性、系统协调性等特点。

1. 全局性、长远性

战略成本管理是以企业的全局为对象，根据企业总体发展战略制定战略目标，具有结果控制与过程控制相结合的特征。战略成本管理把企业内部结构和外部环境综合起来，企业的价值贯穿企业内部自身价值创造作业和企业外部价值转移作业的二维空间，企业不过是整个价值创造作业链条中的一部分、一个链节。因此，战略成本管理要求从企业所处的竞争环境出发，其成本管理不仅包括企业内部的价值链分析，而且包括竞争对手的价值链分析和企业所处行业的价值链分析，从而达到知己知彼、洞察全局的目的，并由此形成价值链的各种战略。公司在实施战略成本管理时，不仅可以有效降低公司的总成本，同时还能够为公司提供多维度和多角度的有效信息，公司站在战略的高度去把握公司整体成本的控制，管理层分析并利用这些信息可以为公司发展战略提供更有用的建议。

2. 目标多元性、战略优先性

成本控制的目标包括三个不同的层次，它们分别代表了有利于企业的长期发展和竞争优势、取得利润、降低成本等不同的目标取向。现代成本控制要改变传统的以降低产品生产成本为核心的格局，要充分考虑到企业战略选择和实施的需要，要考虑到企业经济资源的优化利用，根据外部环境因素和内部条件的变化，在不同的时期制定不同的战略，确定不同的目标。目标的多元性揭示了成本控制的一个重要战略思想，按照不同的管理级次和业务环节确定成本控制目标，实行分目标控制，将成本控制范围拓展到企业的经营决策、技术开发和应用等领域，使成本控制最大限度地发挥作用。

战略从某种意义上讲是实现长期目标的方法。竞争与现代技术的高速发展，使战略的选择和实施成为现代企业生存和发展的关键。现代成本控制要适应这一变化，体现战略优先的思想。成本控制的战略优先思想主要体现在成本控制要与企业的战略相适应、有明确的战略目标。成本控制的组织体系、制度体系、方法体系、指导思想要以实现战略目标为导向，成本控制战略的制定和实施首先要以企业战略为核心，要有助于企业战略的实施，要有助于企业在竞争中取得成本优势和竞争优势。

3. 灵活性、协调性

战略成本管理是外部环境、竞争态势、内部条件综合作用的结果。战略成本管理并不是一成不变的，在企业生命周期的不同阶段企业的战略成本管理也不同，进行战略成本管理就是为了实现企业战略目标。因此，战略成本管理要结合企业内外部环境的变化因素，实时调整自己的内部管控体系与机制，实现外部环境、内部组织结构乃至企业文化的三位一体的动态统一。同时，为了取得维持成本优势和战略优势，企业需要随时关注外部环境的变化，将外部环境中的机会和威胁与企业内部的优势、弱点结合起来，形成不同的成本控制战略，以抓住机遇、发挥优势、克服弱点、回避威胁。现代成本控制要具备分析竞争对手、分析环境变化趋向的能力和机制，并能够根据竞争对手和环境变化情况，及时调整成本控制战略，要改变传统成本控制以企业内部为核心的状况。

4. 信息多样性

尽管战略成本管理是在传统成本管理系统的基础上，按照战略管理的要求而发展起来的新的成本管理系统，但其基本的功能并没有改变。战略成本管理的基本目标就是为决策者提供对决策有用的战略性成本信息。

战略成本管理系统提供了包括财务与非财务信息在内的战略信息。传统成本管理倾向于关注财务业绩指标，如销售与利润增长、现金流、股价等。战略成本管理提供了超越成本会计主体范围的更广泛、更有用的信息。战略成本管理的重要目标之一是创造企业的竞争优势。企业应突破会计主体的限制，获得有关竞争对手的信息，了解相对成本，通过一系列措施，知己知彼，使企业在竞争中立于不败之地。同时，战略成本管理克服了传统成本管理的缺陷，提供了大量诸如质量、需求量、市场占有率等极为重要的非货币信息。以反映企业战略地位的主要指标之一的市场占有率为例，它是联系成本与利润的重要指标，在一定程度上代表了未来的现金流入量，它的变化代表了企业竞争地位的变化。相对市场占有率还可用于揭示主要竞争对手的实力。战略成本管理有助于企业获得全面的发展竞争战略的信息。

5. 竞争性

企业推行战略成本管理是为了应对激烈的市场竞争，实现成本领先，取得优势，战胜对手。企业要想获得竞争上的优势，就不能只局限于对自己的成本状况进行分析，更要详细分析竞争对手的成本状况，这样才有希望建立起对外部竞争环境变化非常敏感的预警体系。通过实施战略成本管理，可以帮助企业在保证服务与产品质量具有良好竞争力的同时在企业内外部寻找一切可以降低成本的措施，以降本增效提高企业核心竞争力，建立长期竞争优势。

二、战略成本管理的目标及要素

（一）战略成本管理的目标

1. 战略成本管理目标应服从于战略管理目标，配合企业取得竞争优势

从战略管理活动本身去考察，战略管理的整体目标就是要形成企业的竞争优势。战略成本管理作为战略管理的一个决策支持系统，其各项活动的开展应有助于战略管理目标的实现。也就是说，战略成本管理要从企业竞争优势的培育、维持和提高这一角度出发，重点关注企业的成本行为对企业竞争地位和竞争优势的影响，帮助决策者选择最佳的战略方案，并辅之以对应的成本管理战略，借以促进战略管理目标的实现。战略成本管理将成本管理的目标同企业竞争优势联系在一起，既充分体现了战略管理的思想，又反映了成本管理理念的自我更新。企业为了取得竞争优势，往往要采取诸多的战略措施，这些战略措施通常需要战略成本管理予以配合。成本管理要配合企业为取得竞争优势所进行的战略选择，要配合企业为实施各种战略对成本及成本管理的需要，在企业战略许可的范围内，在实施企业战略的过程中引导企业走向成本最低化。

2. 战略成本管理的终极目标还应落实为成本的持续降低

尽管企业在不同的时期，由于要实现和维持竞争优势，所采取的成本管理目标、方法和手段不同，但从企业的整个生命周期看，战略成本管理目标的主要定位是追求成本的持续降低。这也是战略成本管理与传统成本管理具有耦合性的一面，只不过战略成本管理更强调在企业内部营造一种有利于成本持续降低的环境。从战略成本管理层面分析，处于不同成长阶段的企业其成本管理的重点和预期达到的目的是有差异的。例如，将处于发展期和成熟期的企业进行比较，前者可能注重营销战略，以迅速占领不断扩大的市场，主要通过增加收入来创造利润，企业的组织结构比较简单，成本管理工作也比较松散；而后者一般规模较大，组织结构复杂，由于面对的是成熟市场，很难进一步通过销售份额的提高增加利润，必须加强成本管理取得成本竞争优势以求生存和发展。由于战略成本管理立足于企业发展的长期利益，注重成本管理效应的长期性，因此不断塑造企业自身特有的成本管理文化是战略成本管理的内在要求。

3. 战略成本管理存在一个目标体系

战略成本管理的这个目标体系包含三个层次。第一层次，以企业内部为视角、以降低成本为核心的绝对成本降低目标。绝对成本降低只关注成本本身是否降低，又可分为两个部分：以生产过程、业务过程为焦点的成本降低和以企业为焦点、以改变成本发生的基础条件为措施的成本降低；第二层次，以企业内部为主要视角，兼顾成本质量、数量、价格和供求等相关因素之间的关系，以利润为取向的相对成本降低目标。相对成本降低关注利润最大化，而不看重成本的多少，只要利润增加，成本的多少并不特别重要；第三层次，以企业与环境以及企业与竞争的相互关系为视角、以企业的长期发展和竞争优势为重点，通过战略成本管理配合企业战略选择与实施、通过获取成本优势帮助企业取得竞争优势的成本优势目标。这种目标考虑的因素更广泛，成本只是企业获取竞争优势的一种重要手段。

（二）战略成本管理的要素

战略成本管理的基本核心要素与传统成本管理的核心要素有着密切的联系，只不过核心要素的内涵有了根本性的突破，包容面也得以大大扩充，战略成本管理主要包括以下三大要素。

1. 外部环境审视

任何一个企业都是在一定的外部环境中利用一定的内部条件来开展生产经营活动的。因而企业实施战略管理，首先必须深入分析企业的外部环境。

企业外部环境是指处于企业实体之外但能对企业产生影响的因素。对于企业而言，外部环境是企业生存的条件，它既为企业的生存发展提供机遇，同时又可能在其发展、变化中对企业造成某些不利的影响。因此，必须十分熟悉企业的外部环境，并了解和掌握其发展变化的基本趋势。企业外部环境可分为总体环境和特定营运环境。对企业影响较大的总体环境因素主要有政治、法律、经济、科技、社会文化和自然环境等，其中经济因素对企业生产经营的影响更为直接。特定的营运环境最主要的体现是市场，它是企业生产经营具体的服务对象，是与企业提供的产品（或服务）直接相关的环境因素。由于目标市场的选择直接关系到企业的市场占有率和盈利水平，因而对企业特定市场（目标市场）环境的分析，自然成为企业管理战略的一个重要组成部分。企业外部环境的分析重在“知彼”，环境审视是对技术革新、顾客偏好变化、重大的经济变革和市场信息变动等环境要素进行审视，要求企业掌握营运环境中关于人口、法律、生态和政治等方面的信息。

2. 竞争者分析

企业在制定自身目标和战略时应充分考虑与其相关的主要竞争者的目标和战略。企业的产品（商品或劳务）应具有比竞争对手更吸引潜在顾客的特性和特点，并应体现在价格、质量、营运和售后服务等各个方面。

3. 用战略眼光看待内部信息

短期获利能力的降低可能是由于企业提高股票市价和为获得相对成本优势而采取的措施引起的。一家企业如果过于注重短期获利能力，可能不愿在改变竞争状况方面进行投资。相反，短期获利能力的提高可能与其战略状况恶化有关，如前期产品售价高于竞争对手可能导致市场份额的下降。

可以看出，战略成本管理就是在考虑企业竞争地位的同时进行的成本管理。它区别于传统成本管理的最大特征是在进行成本管理的同时关注企业竞争地位的变化。战略成本管理既关注内部的成本变化，更关注企业外部竞争环境的变化，以便随时调整公司的战略。

三、战略成本管理的模式及原则

（一）战略成本管理的模式

尽管战略成本管理的核心要素是相同的，但是在具体实施战略成本管理时，对于不同的企业来讲会有不同的具体模式。目前，被广泛地认可和运用的模式有杰克·桑克模式、罗宾·库珀模式等。

1. 杰克·桑克模式

杰克·桑克模式由美国管理会计教授杰克·桑克提出，实际上他是在迈克尔·波特所著的《竞争优势》一书的基础上创建的。该模式关注成本驱动因素，明确成本管理在企业战略中的功能定位，利用一系列的分析工具，为企业的成本管理提供战略透视。杰克·桑克模式以战略价值链分析、战略定位分析和战略成本动因分析为主要内容，通过多种彼此相互联系、具备逻辑关系的成本分析方法进行企业战略成本管理，根据分析结果制定相应的成本管理提升方案。杰克·桑克模式的三个分析工具之间逻辑连贯、联系紧密，为企业提供了一套完整的战略成本管理框架模型。

该模式的优点是理论上规范严谨，分析透彻，具有深度，应用范围广泛；缺点是不重视成本控制过程中的细枝末节，实施难度高。

2. 罗宾·库珀模式

罗宾·库珀模式的基础和核心是作业成本法。其主要内容是站在战略的高度，在每一个作业实施过程中进行成本管控，不仅要降低企业成本，还要全面提高企业的管理水平。从企业、市场、供应链和竞争对手的角度出发，运用作业成本法进行分析计算，使企业各个部门能够更全面地了解企业的成本管理动态，然后把自己的工作和企业的战略成本管理方案联系起来，以此全面提升企业的比较竞争优势。企业管理者和员工也是公司战略规划的重要构成部分，需要和公司形成一个紧密的整体，充分发挥他们的作用，提高和增强公司的竞争力，这亦可以有效减少企业的成本。

该模式的优点是成本核算过程清晰明确，能够提升工作效率并改善价值链流程，可以充分利用一切有效资源；缺点是实施成本高，忽视了外部环境的重要性，缺乏对总控制成本的关注。

3. 克兰菲尔德（Cranfield）模式

以Tony Grundy（1995）为首的克兰菲尔德工商管理学院将战略成本管理当作一种分析工具，用以评估企业竞争能力，规划企业发展目标，同时寻找出企业在经营中存在的问题，不断对其加以分

析和解决，从而达到对企业进行战略管理的目的。

4. 成本企划模式

20世纪末，成本管理的理论界和企业界兴起了一种新的战略成本管理模式。其更类似于源流管理，本质上是一种对企业未来的利润进行战略性管理的战术，通过科学分析，优化企业生产作业流程，降低企业的生产成本。通过目标管理，在产品最初的研发和设计阶段，根据市场销售价格和预期利润，倒推成本，确定目标成本，从而指导产品的设计。成本企划模式具有超前性，是将成本管理与产品技术研发和设计相融合的一种先进的战略成本管理理念。

（二）战略成本管理的原则

战略成本管理在吸取传统成本管理原则的基础上，又拓展了几项与战略紧密相关的原则，这也是与传统成本管理的重要区别。

1. 战略性原则

由于战略成本管理活动是一个长期持续的动态管理过程，它追求的不是成本的一时降低，而是要通过系统的共同协作，创造出企业成本持续降低的环境，以培育出企业的成本竞争优势，这就体现了它的战略性原则。按照战略性原则的要求，企业开展战略成本管理工作，强调的是成本管理的战略性，它往往从一个较长的时期，比如企业产品的生命周期或是企业的生命周期，甚至是所在行业的生命周期，来关注成本的变化，在提高企业竞争地位的同时，追求成本的持续降低。

2. 全局性原则

战略成本管理是以企业的全局为对象，根据企业总体发展战略而制定的。它把企业内部结构和外部环境综合起来，从企业所处的竞争环境出发，其成本控制不仅包括企业内部的价值链分析，而且包括竞争对手的价值链分析和企业所处行业的价值链分析，从而达到知己知彼，洞察全局的目的，并由此形成价值链的各种战略。

3. 外延性原则

战略成本管理的着眼点是外部环境，将成本控制外延向前延伸至采购环节，乃至研究开发与设计环节，向后还必须考虑售后服务环节；把企业成本控制纳入整个市场环境中予以全面考察，对企业所处环境进行正确地分析和判断，把握机遇，在竞争中取得主动，最终实现预定的企业战略目标。

4. 目标一致性原则

目标一致性原则是将成本控制各要素协调起来的重要原则。在具体业务活动中，成本控制目标的多层次性有可能形成目标冲突。节约成本的要求与在处理业务时经济自由度之间的矛盾，以及部门之间、部门与整体的利益冲突，成本控制的分散性等都可能使部门或个人在其成本控制过程中迷失成本控制的方向。这一系列的矛盾、冲突，必须通过一项共同的约束原则，使不同层次、不同部门在其业务活动中，按照对整体有利的方式实施成本控制，使实施成本控制的各种较为分散的活动能够按照较为统一的目标方向进行。这个约束原则就是目标一致性原则。成本控制要遵循许多原则，有许多具体的目标。但是，要使分散的构成要素组合成一个有机整体，要将成本控制与各项具体的经营活动有机结合起来。为使企业的各环节、各层面的各项活动始终贯穿着成本改进的要求，为达到成本效益最大化之目标，不仅需要强有力的协调措施将各方面的因素整合起来，还需要通过坚持目标一致性原则实现对各部门行为的约束。

第三节　战略成本管理的基本思想

战略成本管理以“企业价值最大化”为追求目标，主要关注的是企业的远景规划和发展目标。通过对竞争对手的成本状况进行分析和研究，了解企业的竞争优势，从而确定企业的竞争战略，进而以采取不同的竞争战略来获得企业产品的差异化，即竞争者无法比拟的产品特征、售后服务，达到取得竞争优势的目的。战略成本管理立足于“开放型、竞争型”的竞争环境，对象是产品整个生命周期的成本：既包括生产过程，又包括研究开发与设计，还必须考虑售后服务环节；既重视与上游供货商的联系，也重视与下游客户和经销商的合作。此外，战略成本管理不仅重视有形成本动因，更加重视无形成本动因。一些有形的成本动因项目，如原材料、工资福利等，往往并不是影响成本的主要因素，而一些传统成本管理未能考虑的因素，如企业的规模、地理位置、产品的复杂性等因素，往往对成本产生很大的影响。由于战略成本管理体现的是一种前瞻性的管理思想，管理的重点不是企业成本管理战略的实施，而是成本管理战略的决策。相应的，其管理方法也是以战略决策方法为主，借鉴战略管理等相关学科的分析工具，形成由成本动因分析、价值链管理、作业成本法等构成的战略成本管理方法体系。

第四节　战略成本管理的主要方法

一、价值链分析

迈克尔·波特（1985）将价值链定义为：“公司用于规划、生产、销售、交付货款等一系列活动的集合。”桑克等在《战略成本管理：价值链视角》一文中提出，价值链分析是战略成本分析的强有力工具，包括内部价值链分析、行业价值链分析和竞争对手价值链分析。根据价值链分析可以找到企业与竞争对手之间存在的差异，通过对比找到企业成本管理重点，方便企业采取有针对性的措施。经过多年的发展，价值链分析得到广泛的应用。

（一）内部价值链分析

内部价值链是指企业内部各战略单元的价值链，即企业内部各职能部门、各流程环节的价值链。内部价值链分析主要是全面分析企业的基本增值活动和辅助增值活动，进而对其进行成本效益分析，寻求企业价值链条中具有增值意义的环节，优化其增值活动，增强公司的比较竞争优势。而基本增值活动与辅助增值活动又可以依据企业情况细分为许多单个价值活动，具体如图2.1所示。

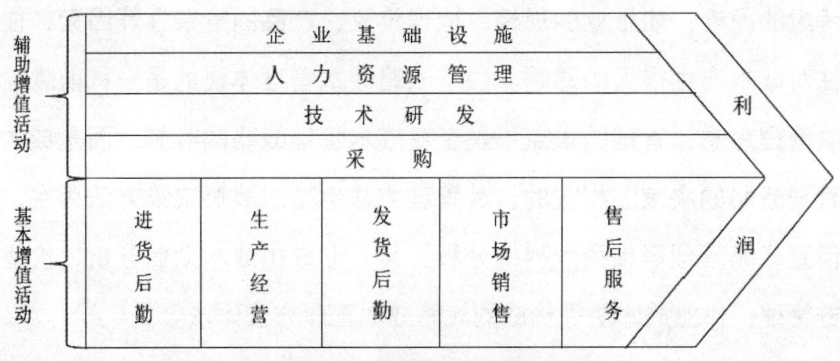

图2.1　内部价值链分析

（二）行业价值链分析

行业价值链分析，又称纵向价值链分析，是指企业应立足于行业，从战略的高度深度剖析自身与供应商、经销商的关系，通过分析企业价值链的上下游，基于企业的战略目标，构建合适的产业价值链，在价值活动中寻找降本增效的方法，以提升企业的比较竞争优势。进行行业价值链分析可以使企业看清自己在整个行业价值链中的地位，与此同时，企业可以充分利用现代信息技术的优势，努力搜寻更具有合作价值的供应商，与其建立战略联盟，从而降低企业的生产成本以及销售成本，这也会使供需双方同时获益。

（三）竞争对手价值链分析

竞争对手价值链分析，又称横向价值链分析，强调了对竞争对手进行分析的重要性，是企业进行全面分析的重要因素。进行竞争对手价值链分析，可以帮助企业找到竞争对手的优劣势，通过收集竞争对手的成本信息，了解其成本控制情况，通过与竞争对手进行优劣势以及成本大小对比，确定自己的市场地位，从而制定合适的成本实施方案，逐步形成企业的比较优势，增强企业实力，使企业获得更长久的发展。在关注内部发展的同时，还要密切留意竞争对手的动向，只有这样才能在激烈的竞争环境中，不断进行自我升级，保持竞争优势。

二、战略定位分析

战略定位分析是企业在结合企业的内外部环境的基础上进行的分析，根据战略定位分析可以确定企业成本管理的方向及重点，明确企业总体战略并选择与之相匹配的竞争战略。企业总体战略类型有增长型战略、扭转型战略、多元化战略和防御型战略，基本竞争战略包括成本领先战略、差异化战略和集中化战略。恰当地进行战略定位分析能够更好地帮助企业确定适合其自身发展的发展战略，使公司的领导者明确自身的发展方向，从而制造具有独特优势的产品，以赢得足够的市场份额。

战略定位分析的方法与工具有很多，最为经典的几个模型工具有宏观环境分析中的PEST模型分析法，行业环境分析中的产品生命周期分析法、五力模型分析法等。SWOT分析法作为最主要的战略定位分析方法之一，能够充分将企业内外部环境与自身条件有机结合起来，在对企业的内外部环境进行系统的评价以及综合考虑的基础上，帮助企业进行最有利于企业发展的经营战略的选择。其主要从企业的优势、劣势、机会、威胁四方面入手，通过优劣势以及机会和威胁的分析明确企业的总体战略，再根据总体战略确定企业的竞争战略。SWOT分析模型如图2.2所示。

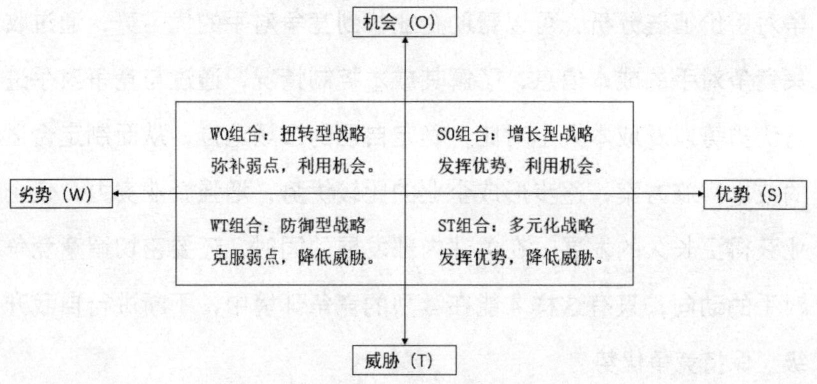

图2.2　SWOT分析模型

利用SWOT模型进行战略分析时需要四个基本分析要素。

优势（S）。优势是企业所具有的，相对于竞争对手而言的优势资源或技术，这是企业独特的竞争力。

劣势（W）。劣势是影响企业经营效率的方面或企业做得不够好的地方，如企业的设施、资源、管理、技术等方面的不足。

机会（O）。机会是企业经营环境中出现的对企业业务发展具有重大作用的有利形势。这一机会可能有利于企业的进一步发展，改变企业的经营状况和赢利能力等。

威胁（T）。威胁是环境中出现的对企业经营不利的因素，如新对手的进入、新技术的出现、政策法规变化等。

这些因素将为企业的现有业务发展带来不同的影响，这四个要素相互联系、互为影响，将上述四个方面相结合，就得到四种不同的组合方式，即SO、ST、WO和WT四种策略。

（一）SO战略

SO战略是指增长型战略或扩张型战略。在这种情况下，公司本身具有充分的竞争优势和良好的外部机遇，此时企业处于一个非常有利的发展局势下，必须充分利用现有资源优势来把握机会谋求大发展。

（二）ST战略

ST战略是指多元化战略或分散战略，指的是企业自身具有充分的竞争优势同时也面对着外部强大的威胁与挑战。此时企业往往倾向于利用自身优势来应对市场威胁，如通过横向一体化战略来扩大规模，增加抗风险的能力，或者积极开发新市场、新产品，努力避开外部的威胁。因此，企业在面对强大的外部威胁时，应积极的利用自身所具有的内部优势，建立长远目标，进行多元化经营，进而降低企业的外部威胁。

（三）WO战略

WO战略是指扭转型战略。主要表现为公司所面临的外部环境有着良好的发展机遇，然而此时公司内部的发展环境比较差，本身的竞争实力较弱，企业的发展受到很大限制。此时，企业应充分认识自身的弱点所在，积极利用公司所拥有的良好发展机遇，尽力消除企业的弱点，扭转劣势，从而增加公司的核心实力。

（四）WT战略

WT战略是指防御型战略，该战略的具体应用是当公司组织结构出现管理问题，致使公司面临着关乎企业生存与发展的重大威胁时。在这种情况下，公司应减少市场份额，通过合理停止非盈利型产品的生产，部分地剥离或整体转型来抵御风险，最终达到提升企

业竞争力的目的。

综上所述，选择符合本公司发展的战略时，要全面客观地收集市场信息，充分了解自身的发展动态、优势、劣势、机遇与威胁，认真分析对比上述四种战略的适用情况，最终确定适合企业的总体战略。同时，企业要选择与总体战略相匹配的竞争战略。波特教授将竞争战略主要分为以下三种：

（一）成本领先战略

成本领先战略，是指企业在保证自身优势的同时，尽力使企业形成规模经济，进而降低企业成本，让企业处于成本领先的地位。它强调企业提高自身成本控制能力，合理降低各经营环节的支出，成为行业中的成本领先者。企业可以从以下两个方面出发：一方面，分析企业的成本驱动因素，进而建立企业的价值链系统，取得成本优势；另一方面，站在同等规模和同水平的竞争者的角度上，分析自身的成本，力求达到成本领先的地位。通过运用该战略，企业不仅可以在行业中确立成本优势，更能确立自己的竞争优势。

（二）差异化战略

差异化战略，是指企业要尽可能建立品牌优势，使自己的产品独具特色，同时优化企业的服务意识，努力满足客户甚至引领客户的价值主张，以此来吸引潜在的或现在所拥有的顾客。具体而言，企业首先要仔细分析顾客的需求，预测顾客的想法，进而创造特色产品。在注重差异化的同时，价格也是不容忽视的重要因素之一，即客户可以接受的程度。最后，要形成让竞争对手难以模仿的战略管理方式，同时最大程度上增加顾客的附加值。采取这种战略就是要追求产品或服务的差异化，形成使行业竞争对手无法短时间内模仿的独特性。

（三）集中化战略

集中化战略，是指在细分市场上基于不同细分市场、不同客户的各种需求，有针对性的设计相应的产品，为其提供个性化的服务，在此基础上形成自己独具特色的竞争优势。与前面两个战略不同，成本领先战略与差异化战略都是面向整个行业的，而集中化战略是专注于某一细分市场上的，将有限的资源投入到相对狭窄的市场上，以期获得比竞争对手在这些重点市场上更高的竞争力。

三、成本动因分析

成本动因是成本发生的驱动，是成本形成之根本。从价值链的角度分析，价值链上每一个价值增值环节，都有其特有的成本动因，也是价值活动所产生的根本原因。从广义上来讲，成本动因主要有战术性成本动因和战略性成本动因。战术性成本动因主要分为作业成本动因和资源成本动因。作业成本动因用来衡量一个成本对象需要的作业量，是产品成本变动的驱动因素；资源成本动因是引起作业成本变化的驱动因素，被用来衡量一项作业的资源消耗量，两者均属于微观层面因素。相对而言，战略性成本动因作为宏观层次的成本驱动因素，其对成本产生的影响更大。战略性成本动因分析包括结构性成本动因分析和执行性成本动因分析。

（一）结构性成本动因分析

结构性成本动因是与价值链基础经济结构相关的成本驱动因素，是对企业价值链活动产生影响的各项成本动因进行分析。大部分企业在其开始正式运营前就有一部分成本被确定，这部分成本的影响因素就是结构性成本动因，其发生在生产活动开始前，构成产品的约束成本。结构性成本动因主要包括：企业规模、整合程度、

技术、学习等。企业规模主要包括企业在生产研发、开发市场等方面投入资金，当企业规模较大时，对业务量大的产品分配较多成本，降低企业的单位成本；企业的整合程度是指企业的纵向一体化程度，合理的一体化战略有利于企业提高生产效率，降低成本；技术是指企业在生产链中采用的技术手段，先进的技术更能够为企业带来长久的竞争优势；学习是在生产经营过程中，不断增强对竞争对手的学习，从国内外优秀企业身上学习有价值的技术、管理方法以及营销手段等，通过学习提高自己，最后达到超越标杆企业的目的。结构性成本动因侧重于通过改变企业基本经济因素来增加企业的市场竞争优势。

（二）执行性成本动因分析

执行性成本动因是指与企业执行作业程序有关的动因，是继结构性成本动因确定之后的成本驱动因素。它主要分析的是如何通过改变企业的内部结构来完善企业的战略管理结构。通常包括员工参与度、全面质量管理、生产能力利用率等。结构性成本动因分析是帮助企业确定宏观条件，而执行性成本动因分析与之不同，主要是考虑对价值链各项成本的降低，比如对产品结构的调整、企业生产能力的加强等方面。

综上所述，价值链分析、战略定位分析以及成本动因分析三种分析工具相互联系，相互促进。价值链从战略的角度出发追本溯源，找出成本产生的源头，根据企业竞争战略增加增值作业链，消除非增值作业链；战略定位分析从产品、目标市场等入手进行定位分析，明确企业总体战略以及应该采取的竞争战略，为成本管理提供方向；成本动因分析是在企业竞争战略确定后从战略角度寻找引起成本的因素，并对这部分因素加以控制，以帮助企业更好地实施竞争战略。

第五节　战略成本管理与企业资源配置

资源是指社会经济活动中人力、物力、财力等各种物质要素的综合，是企业竞争优势的来源，也是顺利实施企业战略的基础。资源的稀缺性决定了任何一个企业都必须通过一定的方式把有限的资源合理分配到企业的各个项目中去，用最少的资源耗费，生产出最适用的商品和劳务，以实现资源的最佳利用，获取最佳的效益。资源配置合理与否，对一个企业的长远生存与发展起着至关重要的作用。

一、资源配置的内容

由于资源固有的稀缺性特点，使得企业在项目运行等的时候都受到来自资源的约束条件的制约，特别是当某类资源有限，而又没有找到更好的替代品时，这种现象更为普遍。资源配置是一个不断修改、不断调整和不断细化的过程，它贯穿于企业的整个生命周期。企业的资源配置主要有以下几部分内容：

人力资源配置。人力资源作为企业经营过程中的特殊资源和重要资源，对企业的生存发展起着举足轻重的作用。人力资源的配置应当考虑企业的组织层面、技术层面和人际层面等多方位、多角度问题，以促使其充分发挥团队成员的主观能动性，实现既定的企业目标，提高企业的效益，推动企业战略实施。

财力资源配置。财力资源是指企业在运行过程中所消耗的各种费用的总和。例如，企业投资多个项目时，每一个项目都会在一定程度上受到客观条件和资源的制约。对于大多数项目而言，资金是一个重要的制约因素。如果项目的费用超支或者短缺，不但会降低项目的经济效益，使企业受到损失，还可能使得项目因无法继续获得必要的资金而被迫中止。因此，合理的资金规划及控制，是保证企业可以长久生存发展的必要条件。

物质资源配置。物质资源（设备和材料）属于消耗性资源，具有不可再生性和有限性的特点。因此企业在投资项目以及制定项目配置计划时，既要考虑资源的成本，又要考虑其约束性的限制，这就需要优化配置物质资源及综合企业成长各阶段的特性，使得物质资源得到准确有效的配置和利用。

二、资源配置与战略成本管理

资源学派认为保持企业核心竞争力的关键在于企业所拥有的资源。沃纳菲尔特在1984年提出，只有企业拥有一定量的有质量的资源，且资源配置效率高，才能形成企业的核心竞争力；巴尼认为战略的一种重要目标就是培育能够给企业带来价值和稀缺的且具有不可复制性的战略资源，无形资源是更为重要的战略资源；柯利斯和蒙哥马利在《资源竞争：90年代的战略》中提出，公司资源是能够实现企业价值的各种要素的组合，只有企业的资源与业务相匹配，才能成为公司特有的价值资源，使企业获得核心竞争力。

市场竞争的加剧使得企业要想长久生存就必须拥有核心竞争力，相较于其他竞争者，企业需要获得稀缺资源，拥有自身的竞争优势，而传统的成本管理更多关注企业内部，缺乏对外部环境的感知，无法满足企业形成竞争优势的目标。因此，企业应该引入战略成本管理，对外部环境进行分析，掌握市场的机会和挑战，同时分析企业所拥有的独特资源，将企业内部资源进行合理配置，在战略层面上对企业的研发、生产以及销售等各个方面进行成本管理，以获得自身的核心竞争力。以海尔为例，传统家电行业已经趋于饱和，产品制造趋势不断向高品质、个性化的智能家电发展，海尔提出“人单合一”模式，将员工和客户紧密联系到一起，其实质就是海尔对自身企业文化以及客户服务这种无形资源进行整合，形成以顾客价值为导向的战略成本管理，在自身技术条件下，以服务升级降低企业的一部分营销成本，使企业在一定程度上保持成本领先，提高企业的竞争优势。

三、基于核心资源配置的成本管理与核心竞争力的构建

企业资源的配置是建立在资源企业观的基础上的，根据企业的目标（主要是产品）和企业所处的资源环境，对资源的不同用途加以合理利用和组合。一个企业可以依据自己的产品进行资源组合。对企业进行管理，在某种意义上就是对资源的管理，企业的效益也就是资源有效性的体现。企业的资源配置贯穿整个生产经营过程，因为产品就是资源配置的结果，产品的生产过程就是资源配置的过程。我们通常用“帕累托最优”检验资源配置效率，即整个社会的一切可利用资源在所有经济主体中得到了合理配置，没有限制和浪费，使资源效用最大化。

核心竞争力决定企业的生存与发展，核心竞争力要依靠企业内部长期发展形成的核心资源和核心能力，具有“偷不走、买不到、拆不开、带不走、溜不掉”五个特征。核心竞争力是企业区别于其竞争对手的最显著的特征，难以被其他人模仿；是企业根据其自身的资源和能力进行有效配置所形成的，难以在市场中直接获取，能够为企业的长期发展带来持久竞争力。因此，核心资源的高价值和稀缺性为企业源源不断地创造收益。阻止企业经济效益的消散，能够维持企业的经济收益，企业所拥有的核心资源能否很好地支持企业的发展战略是一个企业生存和发展的关键。通过对企业内部的资源进行分析，识别企业的核心资源，对企业核心资源进行价值链分析、成本动因分析，进行以企业核心资源为出发点的战略成本管

理。当我们对企业进行战略成本管理时，将企业的核心资源作为企业价值的创造力与企业其他局部竞争优势相整合，战略成本管理产生的作用将不仅仅是交易成本的节约，“赢家通吃”（Winner-Take-Most）和收益递增的原则将会促成市场垄断结构的形成，使企业的价值创造力进一步加强，呈几何级数增长，形成“能力集束效应”，创造出源源不断的超额财富。在战略成本管理的价值链分析中，核心企业具有强大的组织能力、品牌优势、市场地位、营销渠道、客户关系和社会资本，由此产生的吸引力，将一些具有一定竞争优势（比如廉价劳动力、区位、专有技术，等等）的企业组织吸引至其价值链中来，从而实现各组织成员企业资源和能力要素的整合。这种柔性网络组织的结合依赖核心企业的核心竞争力，价值链成本管理就是围绕核心企业竞争力，促进组织成员资源与能力要素的整合，使价值链创造出的产品满足客户的需求，产生超常的盈利水平。

第三章

企业核心竞争力分析

第一节　核心竞争力的相关理论基础

一、核心竞争力的内涵

（一）竞争与竞争力的内涵

竞争是指两个或两个以上的主体（个人、团体或国家）在特定的机制、规则下，为达到某一既定目标或赢得利益而不断制约、抗衡、争夺的过程。竞争具有普遍性、排他性、规范性等特征。竞争的结果往往是优胜劣汰，并在一定程度上使得资源得到了合理配置。

竞争力，简而言之就是主体各方在竞争过程中表现出来的能力。在经济学理论中，早在古典经济学时期，就已经提出了有关竞争力的经济学理论。世界经合组织（OECD）认为竞争力是指各个企业在全球范围内如何提高资源的利用效率，并对管理模式进行不断的创新，从而获取比竞争对手更多的利润。20世纪80年代，世界经济论坛上的《关于竞争力的报告》一文认为，企业竞争力是指企业在所处的环境之下，比其他同行业企业所拥有的更具价格和质量的综合优势，以及对产品进行设计、生产、销售的能力。竞争力具有对比性、内生性、动态性等特征。在具有竞争性的市场环境中，具有竞争力的企业能够提供比竞争对手更令消费者满意的产品和服务，更能够得到广大客户的信任，企业自身也能够从经营活动中获得更多的利润以及持续的发展空间。

（二）核心竞争力的内涵

1990年，《哈佛商业评论》刊登的《公司核心竞争力》一文中，普拉哈拉德和哈默（Prahalad & Hamel）首次提出了核心竞争力（core competence）的概念。在该文中，他们将其定义为“在组织内部协调和整合不同生产技能和知识的累积性学识”。同时，其认为核心竞争力具有不可复制性，可以为客户和企业带来更多的利益。

核心竞争力的概念首次提出后，国内外众多学者开始试图从不同角度、不同层次对核心竞争力的概念做出解释。1992年，Synder和Ebeling对核心竞争力的概念提出了进一步解释，他们认为核心竞争力是一种价值增值活动，而且这些活动可以以较低的成本进行，进而构成了企业独特的核心竞争力。2001年，Kevin、Hall和Clifford认为核心竞争力是组织中通过整合学习而形成的一种根深蒂固的一系列知识和技能的组合。2007年，Ann Mooney在《核心竞争力和竞争优势的差异》一文中认为核心竞争力是经过组织的长期经营所形成的，具有独特性的，能够给组织带来显著价值的能力，这种能力体现在组织的文化、管理机制以及技术水平等方面，是其竞争对手无法模仿、不可复制的优势。

我国学者从20世纪90年代中后期开始，逐渐对核心竞争力有了越来越多的研究。刘世锦和杨建龙（1999）认为核心竞争力是企业获得长期稳定的竞争优势的基础，是将技能、资产以及运作机制进行有机融合的一种企业组织能力，是企业推行内部管理性战略和外部交易性战略的结果。管益忻（2000）认为核心竞争力是以企业的核心价值观为主导的企业核心能力体系，旨在为客户提供更大、更多、更好的消费者剩余，这也是核心竞争力的本质内涵。林志扬（2003）认为核心竞争力是企业拥有的可以在多种产品中运用的技术和能力。乔均和彭纪生（2013）认为企业的核心竞争力既关注企业内部要素变化，也关注企业外部要素变化，侧重于企业的整体运营。王倩芝（2017）认为核心竞争力通过各方面资源和能力的有机结合，在同行竞争中为顾客提供独特的利益与价值，而这种竞争力是特有的，无法模仿的。

综上所述，国内外诸多学者从技术和技术创新、能力观、消费者剩余、整合观等方面对核心竞争力的定义给出了自己的解释，但学术界对此尚未达成统一认识。借鉴学者们对核心竞争力的解释，本书认为核心竞争力是企业在发展壮大的过程中，通过技术、知识以及资源等的积累与整合，逐步形成的独特的、难以模仿的，且可以给企业带来持久竞争优势的能力。企业的核心竞争力包含企业管理创新能力、市场营销能力、企业资源和技术开发能力、环境竞争力等。

二、核心竞争力的构成要素及基本特征

（一）核心竞争力的构成要素

国外学者在关于核心竞争力的构成要素的研究中，普拉哈拉德和哈默（1990）认为，技术和知识构成了核心竞争力；海利劳德（Harry Lauder）（1994）认为资源是核心竞争力；库姆斯（1996）认为技术和组织管理是核心竞争力的重要组成部分。

我国理论界关于核心竞争力构成要素的研究主要有二要素、三要素、五要素和全要素理论。徐二明（2003）作为二要素理论的代

表人物，认为管理能力和技术代表了核心竞争力。周卉萍（2000）提出了三要素论，其认为核心竞争力由领先于竞争对手的三要素构成。这三个要素分别是：技术以及体现技术的产品和服务方式；能够适应企业发展的共同价值观和管理文化氛围；新理论、新经验的学习率和传递率。邹海林（1999）认为核心竞争力由研发能力、创新能力、技术转化能力、生产要素的组织协调能力和应变能力五个要素组成。管益忻（2000）认为凡是企业特有的、优于竞争对手的全部要素都是企业核心竞争力的一部分。这些要素包括研究开发、市场预测、市场营销、品牌战略、人力资源开发、企业文化、战略管理等。

综上所述，本书对构成企业核心竞争力的人力资源、技术创新能力、市场营销能力、组织管理能力、战略管理能力和企业文化这六个要素进行详细分析。这些要素有机组合形成企业的核心竞争力，缺一不可。

人力资源。人力资源是核心竞争力的重要构成要素。在这个知识资产的时代，企业的知识劳动者作为知识资产的承载者就显得尤为重要。企业的竞争归根结底就是人才的竞争，企业要想获得核心竞争力，必须重视人力资源的开发与运用。企业各方面的工作包括核心竞争力的制定、执行、评估以及创新等都需要依赖人才去完成。人力资源质量的高低直接影响一个企业是否可以持续的发展。因此企业要留住人才，并善用人才，将对企业做出贡献的人才与企业发展有机结合起来，在个人效用最大化的同时赢得企业价值的最大化。

技术创新能力。技术创新能力是核心竞争力的核心要素之一，也是提高企业竞争优势的重要手段。技术创新能力包含研发、技术改造、技术转化、技术保护以及应变等方面的能力。当前市场处于不断的变化中，产品的更新换代速度很快，企业只有不断创新，才能不断地超越自己，超越对手。当旧的产品被市场淘汰以后，只有技术创新能力强的企业才能够迅速做出反应，很快生产出新的产品来满足市场需求，寻得长远的发展。

市场营销能力。市场营销能力体现为企业通过对内外部资源的利用和整合来满足市场消费者的需求，从而实现自身生存和持续发展的一种能力，其反映了企业把握市场信息的能力以及对消费者的了解水平。市场营销涉及企业对销售方式、销售渠道等的控制与创新，是企业获取竞争优势的关键。在竞争激烈的市场环境中，企业只有生产出令消费者满意的产品，并与之达成交易，才能实现企业的持久发展。因此，企业的营销能力决定着其生存与发展的潜力，提升企业的营销能力是实现企业长远发展目标的有效途径。

组织管理能力。企业的市场竞争，最终要通过企业的组织来实施。对企业而言，组织是企业的骨骼，涉及企业的组织结构、信息传递等。组织性能的良好与否，直接影响到企业运营灵活性的大小，进而影响到企业经营成本和效益的高低。一种有效的组织体制安排，能够充分发挥出决策机制、信息机制、激励机制等的潜能。同时，企业的核心管理能力对企业的资源，尤其是核心资源进行有效的配置，可以在很大程度上对降低成本，提高生产效率及市场竞争力起到非常重要的作用。要想更好地发展带有企业特色的企业核心竞争力，并把企业优势充分突显出来，就要尽量提高企业的组织管理能力，发挥出企业的系统优势。

战略管理能力。战略管理是企业根据对外部行业环境和内部经营环境的分析，而确定的企业自身的发展目标，是为保证企业目标实现以及持续发展而做出的总体的、长期的谋划，是一个动态的过程。当今世界正处于竞争白热化的时代，战略显得尤为重要，战略是一个企业制胜的法宝，企业的经营活动都需要战略的指导，对人力、财务、成本等进行合理的战略管理，是企业持久健康发展的重要基础。

企业文化。企业文化是企业内部成员均广泛接受的价值观念，以及由这种价值观念所决定的行为准则和行为方式。企业文化在企业中有着非常重要的位置，是企业获得核心竞争力的重要因素。一个拥有优秀企业文化的企业可以使企业的运营机制灵活有效，使企业精神具有凝聚力，从而使企业在激烈的竞争环境中保持优势地位。凡成功的企业都有一个强有力的企业文化在支撑，其在企业的日常经营管理中发挥着引导、激励、协调三大方面的作用。

（二）核心竞争力的基本特征

企业的核心竞争力具有以下基本特征。

价值性。核心竞争力能够产生为消费者所看重的特殊的根本性利益，可以为消费者创造更多的剩余价值。同时，核心竞争力是富有战略价值的，它能为企业降低成本，使企业在坚持成本最低化的同时，依旧可以高效地投入生产，最终使企业获得超过同行业平均利润水平的超值利润，为企业创造长久稳定的价值。

不可交易性。核心竞争力是企业的无形资产、无价资产，它集企业的先进技术与设备、优秀文化与组织结构、高技能人才与创新能力于一身，是企业高效完成资源整合、知识能力融合的结果。因此，核心竞争力与企业的其他要素不同，是无法通过市场交易的行为获得的。

不可替代性。核心竞争力一旦形成，便能够成为企业获得长期良好发展的重要因素。虽然核心竞争力是一种无形的资产，但是却在企业的发展中起着关键的作用。这种能力是独一无二的，可以使企业能够在发展壮大的过程中突破障碍，获得长久的竞争优势，其他任何一般的能力都无法替代。

难以模仿性。核心竞争力是企业所特有的，经过长期的技术和经验积累才构建起来的，并且是竞争对手难以模仿、难以转移或复制的。也就是说它不像原材料、生产设备等有形资产可以在市场上购买到，并通过技术等得以复制、模仿。这种难以模仿的能力能为企业带来超过平均行业水平的利润。

异质性。核心竞争力具有唯一性的特点，企业的构成非常复杂，它不仅是独立的个体，还包含了各种特征不一的组织。不同的企业，其企业文化、经营模式、技术能力、行业环境和人员组成等都是不一样的，这就使得它们的核心竞争力不同。因此，从这一方面来看，企业的核心竞争力是企业个性化经营以及发展能力的一种体现。

动态性。核心竞争力是在企业的经营过程中逐步积累、整合而成的，其与一定时期的行业动态、组织结构等密切相关。它不仅包括对过去优势的继承与发展，还包含了对企业运行过程的改进，最终累积形成企业独特的竞争优势，同时，市场环境的变化以及宏观政策的变动等，可能会使原本的核心竞争力逐渐退化或削弱。所以，企业的核心竞争力不是静止不变的，而是需要企业根据企业自身经营战略、周边经营环境等的变化不断调整变动的。

三、核心竞争力的识别与评价方法

核心竞争力是企业获得持续竞争优势的源泉。企业拥有且能够正确识别出自身独特的竞争力，才能有效发挥出核心竞争力的作用。但由于核心竞争力多为无形的，其往往隐藏于企业的产品技术、人力资源、组织结构以及企业文化中，不易识别和度量，所以其识别和评价方法一直是学术讨论的焦点问题。目前，国内外关于核心竞争力的识别与评价方法主要有四类：定性描述法、半定量法、定量法、半定量与定量相结合法。

定性描述法。定性描述法是指通过文字描述、图表分析等方法对核心竞争力进行描述。文字描述法主要以普拉哈拉德和哈默为代表。他们认为企业的核心竞争力来源于企业特有的资源和能力以及对企业资源的整合。同时描述了什么样的资源才能成为企业的核心资源，他们认为企业的资源和能力应该具备价值性、难以模仿性和稀缺性，这样的资源才能使企业获得持续竞争优势。Klein（1998）等运用网络图分析的方法对核心竞争力进行界定。他们认为企业是由各个层级上的技能所组成的，各技能之间相互关联。在识别核心竞争能力的时候，要对职能部门、事业部以及企业三个层级的能力进行逐一分析，同时运用相关的关系图表清晰地标示核心竞争力。林志扬（2003）以企业拥有的关键技术的竞争优势、体现的价值增值两个维度建立模型，利用该模型分析企业的价值链，识别企业的核心竞争力，从而有针对性地培养企业的核心竞争力。

半定量法。半定量法是指根据企业的实际情况，通过主观判断选取能体现企业核心竞争力的指标，并对指标进行测度和评分，构造较为完整的指标体系，经过综合计算，来综合评价企业的核心竞争力。Meyer（1993）认为核心竞争力隐藏在创造产品的资源和人才中，并将核心竞争力分为以下四个维度：产品技术、制造能力、销售渠道和对员工需求的理解，同时由专业人士根据企业产品的发展过程对核心竞争力的以上四个维度进行评分，然后简单平均或加权，综合得出企业的核心竞争力。于江、张不同（2003）通过识别关键能力、识别竞争力、识别核心竞争力的渐进化的识别方法，建立了企业核心竞争力的识别体系框架，并进一步对相关指标进行量化来评价企业的核心竞争力。

定量法。定量法，顾名思义即纯定量的方法，不涉及含有主观

判断的指标等，均采用可以严格计量的指标进行测度。主要方法有数据包络分析法（DEA）等。Patel是定量法的代表人物，他认为核心竞争力就是企业拥有比行业竞争对手更多的资源、技术等内外部优势。其识别企业核心竞争力的具体方法是，首先利用专利数据计算专利份额（PS）和显在技术优势（RTA），之后根据PS-RTA的二维分布图来识别和评价企业的核心竞争力。宋维玲（2008）在识别区域核心竞争力状况时提出了DEA-BP神经网络组合模型。

半定量与定量相结合法。半定量与定量相结合法是指在识别核心竞争力的过程中，构建既含有纯定量的指标，又含有通过主观评分的指标体系。主要方法有价值链分析法、竞争差异分析法等。Henderson（1994）认为元件能力和构架能力两者共同构成了核心竞争力，是核心竞争力的两个重要元素。其通过分别构造两个指标，然后对指标进行评分的方式识别企业的核心竞争力。Tnalpoe（1994）通过将最终产品分解这样一种反向构造的方法，来识别和评价企业的核心竞争力。Javidan（1998）提出用一个系统的流程来识别核心竞争力，该流程强调关键概念的界定以及管理水平和战略规划过程整合的关系。冯祈善、赖纯见等（2002）运用层次分析法（AHP）构建核心竞争力评价模型，模型中的评价指标既包含销售利润率等纯定量指标，同时也包含市场营销水平等需要主观评分的指标，从多个维度综合识别和评价了企业的核心竞争力。

第二节　提高核心竞争力的重要性及有效措施

一、提高核心竞争力的重要性

在日益激烈的市场竞争环境下，企业的生存环境也发生了极大的变化。核心竞争力作为关键因素，对企业的经营活动和持久发展起着决定性的作用。核心竞争力是企业的“咽喉”，如果一个企业没有较强的核心竞争力，就仿佛被遏住了“咽喉”，无法呼吸，无法长大。在纷繁复杂的竞争中，企业只有通过对自身的核心资源进行更加有效地配置，对技能、产品、知识等进行更加高效地整合，使企业具备较强的核心竞争力，企业才能具有持久的竞争优势，从而获得源源不断的利益以及良好稳定的发展。

（一）核心竞争力是企业制定战略、进行决策的出发点

企业是各种资源的集合体，其本质是资源配置的机制，其通过对自身所拥有的资源，尤其是核心资源的配置，降低交易成本，获取利润，实现价值创造。企业的发展在很大程度上依赖于自身的核心竞争力，因此，企业在制定战略和进行决策时，必须要结合自身的实际情况，使其与核心竞争力相匹配。如果企业制定的目标太高，自身的核心竞争力不足以支撑企业的发展，这会使企业陷入困境，最终还可能削弱企业的核心竞争力；如果企业制定的目标太低，就会造成企业核心资源和能力的极大浪费，使企业的核心资源无法得到有效的配置，不能充分发挥核心竞争力的作用。所以，企业在制定战略、进行决策时，一定要充分使其与自身的核心竞争力相匹配，使企业的资源得到合理的配置，使核心竞争力得到充分的发挥，这样企业才能够具有持续的竞争优势，进而逐步发展壮大。

（二）核心竞争力是企业获得持续竞争优势的关键

竞争优势是指企业的产品和服务在同行业竞争中所处的优势地位。企业拥有竞争优势且拥有持续的竞争优势是其能够在激烈的竞争中生存和发展的必要条件，这有助于企业获得比同行业竞争对手更高的利润以及更长远的发展。核心竞争力是在企业通过对自身资源、能力等的整合和配置过程中逐步累积形成的，其极大地增强了

企业的生命力，提高了企业的综合实力，支撑起了企业过去、现在和将来很长一段时间内的竞争优势，为企业的快速、持续发展提供了保障。

（三）核心竞争力有利于为企业带来超额利润

企业经营的最终目的是获取利润。当企业拥有核心竞争力时，就可以通过对产品技术的创新、企业资源的合理配置等方式，为消费者提供令人满意的产品和服务。在为消费者创造价值的同时，企业通过提高经济效率，降低各类成本，从而在激烈的市场竞争中占据有利地位，获得更多的稀缺资源，最终获得高于竞争对手的利润。所以，企业只有积极地构建核心竞争力，获取竞争优势，才能使自身在激烈的市场竞争环境中脱颖而出，获得更多的利润，达到长远发展的目标。

（四）核心竞争力决定了企业发展的深度

核心竞争力可以提高企业的产品和服务在市场中的竞争地位。它超越了企业自身具有的某种产品或服务，更多地依赖于资源、知识、能力等的积累，将内外部的资源、能力等凝聚起来。它使企业成为一个整体在激烈的市场环境中与竞争对手进行对抗。所以，与企业的某个产品或服务相比，核心竞争力的寿命更长，更具持续性。构建并提升企业的核心竞争力相比局限于打造单一产品或服务，更能使企业准确地抓住市场的机遇与挑战，满足企业自身的客观需求，使企业更着眼于长远的利益，对企业的长久发展有着深远的战略意义。

（五）核心竞争力使企业更好地适应环境的变化

当今的时代是一个瞬息万变的时代，激烈的竞争环境给企业的生存带来了诸多挑战，如果企业不具备较强的核心竞争力，那么企业的经营活动对环境变化的适应性就较差，很容易受到外界环境的干扰，政策的变化、产业环境的变化以及竞争对手的变化都会使企业陷入困境。当企业具备了较强的核心竞争力时，就可以通过技术创新、资源配置、降低成本、规划调整等方式应对环境的变化，增强企业抵御风险的能力，进而很好地适应周围环境的变化。

二、提高核心竞争力的有效措施

在这个“大众创业、万众创新”的时代，无数大大小小的企业涌现出来，但为什么有的企业只是昙花一现，有的企业中途退场，而有的企业却越做越强，生生不息？核心竞争力在其中起到了决定性作用。曾在国内辉煌一时的巨人集团曾立志做中国的IBM，但之后盲目扩张，转入营养食品、房地产等领域，未能巩固和发展核心能力，终因缺乏核心竞争力，为企业埋下了致命的隐患。其由盛转衰的根源便是核心竞争力的丧失。

“发展”是现代化企业永恒不变的主题。核心竞争力是企业持久发展的重要因素，但核心竞争力的培养并不是一蹴而就的，因此，企业应该如何提高核心竞争力，成为新时期企业发展的重要课题。

（一）优化核心资源配置，强化人力资源管理

在日益激烈的市场竞争环境下，企业的核心竞争力主要取决于企业所拥有的核心资源。核心资源是形成核心竞争力，构建竞争优势的基础。正是企业所拥有的独特的资源储备给企业带来了比同行业竞争对手更多的市场和优势。整合企业自身资源是实现资源高效配置的重要方式，促进资源的高效配置和综合集成是提高企业核心竞争力的有效途径。企业若想提高核心竞争力，必须对资源进行合理配置，提高资源的配置效率，并持续构建和维护企业发展所必需的核心资源，使资源的价值得到最大化发挥。

在企业的诸多核心资源中，人力资源作为企业最重要的核心资源之一，在企业的所有资源体系中起到了基础性的作用，对企业核心竞争力的提高起到了极重要的作用。做好人力资源的配置，有利于实现其有效分配，从而可以使企业员工发挥出最大的价值，同时也可以保证企业各个环节能够安全、有效、顺利地实施，推动企业向更快更好的方向发展。所以，企业不仅要加强人力资源的投入与开发，同时要建立有效的激励机制，优化员工的学习与培训机制，激发员工的积极性和创造力，提高人力资源的利用效率。

科大讯飞股份有限公司作为软件信息服务业的代表性企业，非常注重对人力资源的管理，在其经营过程中，通过创建“721培养模式”提升员工能力，建立基地用于员工培训，通过实施员工持股计划、完善晋升机制对员工进行激励。这一系列举措均有助于使其人力资源成为最重要的战略核心资源，为企业的发展奠定了良好的基础。

（二）提高企业技术创新、自主研发能力

创新是企业保持长久发展的动力。强有力的技术创新与研发能力可以打造企业自身的核心产品，极大地提升企业的核心竞争力。能够在世界上长久生存的企业，都有着自己的核心产品，并且能够保证其核心产品的更新换代，其中技术创新与研发能力起到了重要的支撑性作用。技术创新是技术取得成功的先导，也是企业长久发展的推动力。企业对技术的不断更新换代促进了技术的创新，同时也使得企业的研发能力得到锻炼，核心竞争力得到加强，从而帮助企业快速有效地占领市场。所以，企业应该立足于自身的实际情况，力求实现核心技术的创新和发展，提高自主研发能力。

企业要想提高自身的技术创新以及自主研发能力，就要努力培养员工的创新意识，根据企业的发展战略，在其经营活动中融入创新意识。尤其注重对企业核心技术人才的培养，使其具有成熟的技术积累，生产出符合消费者需求的产品和服务。同时企业也可以制定相关制度促进技术创新，实现技术创新能力的提高，强化企业的核心竞争力，促进产业的良好发展。

中兴通讯作为我国通信行业的巨头之一，在国际贸易战的纷争中未能独善其身。美国停止向其销售零件和技术的决定使中兴通讯陷入休克状态。这背后最重要的原因便是中兴通讯对美国技术的严重依赖。所以，唯有不断进行自主研发创新，寻求新的利润增长点，才是企业得以发展的关键。

（三）优化组织结构，完善管理制度体系

组织结构是企业关于管理跨度、信息渠道、协调机制等组织要素的组合，是一个企业能否实现高效运转的先决条件。企业在运行和管理过程中，有着复杂的环节，只有打破传统的组织结构，尽可能地优化并简化企业内部的组织结构，才能够提高企业的核心竞争力。同时，企业建立起适合企业自身的管理制度体系可以促使企业各部门形成统一的整体，提升各部门的服务意识，从企业的整体利益出发，进而强化企业的核心竞争力。

企业在优化组织结构和完善管理制度体系时，应该综合考虑企业的发展战略，结合战略的推进情况优化企业的组织架构，以使其与战略目标相匹配，这样才能更好地提高企业的运营效率，增强企业的核心竞争力，为企业带来持久的竞争优势。同时，企业应推进管理制度体系的专业化运行，形成以市场为导向的制度优化体系，使其能够最大限度地调动和发掘各部门的经营主动性，提升企业的经营效率，创造更加高效的工作环境，提升企业的核心竞争力。

沃尔玛作为世界上最大的零售企业，员工总数高达220万，但管理有序，效率极高。沃尔玛公司总部实行扁平化的组织结构，集中决策、分散经营的组织方式有利于提高专业化水平，充分发挥专业职能。同时，沃尔玛形成了“顾客—员工—领导”的“倒金字塔”管理组织体系，永远把顾客放在第一位。沃尔玛组织结构和管理制度体系的成功极大地增强了企业的核心竞争力，使其立于不败之地。

（四）明确企业战略定位，提高战略成本管理能力

不同的企业，所处的生命周期、行业地位等都不相同。企业只有综合考虑其所处的行业及竞争环境，同时结合自身已有的核心竞争力，才能进行战略定位并制定出适合自身的发展战略。当企业明确了自身所处的市场位置，制定了合理的战略性定位后，才能够更好地适应市场环境，扩大其市场占有率，从而提升核心竞争力。企业合理的战略决策可以使企业在产业发展的平稳期保持并稳步提升自身的核心竞争力，同时也可以在产业、行业波动的时候，适时调整自身的核心能力，从而增强核心竞争力。

战略成本管理作为企业战略管理的重要组成部分，是提高企业核心竞争力的重要手段。它突破了传统的成本管理，不是把成本局限在微观层面，而是把重心转向了生产关联、技术关联、竞争对手关联等更广阔的研究领域。企业与企业之间的竞争实质上是关乎成本的竞争，战略成本管理有利于企业对成本进行科学的预测、决策。当企业经营活动所必备的成本低于同行业竞争者的成本，企业就具有了成本优势。若这种优势是其他企业短时间内难以复制或模仿的，那么企业就拥有了持续的成本优势，企业的核心竞争力就得以提高。

美的集团作为家电行业的代表企业之一，具有较为成功的战略成本管理方式。其在进行成本管理变革中，通过构建研发体系、改造生产线柔性、布局物流体系建设、进行营销渠道扁平化变革、

实施数字化的供应链管理等诸多措施，对研发、物流运输、营销渠道、供应链等方面进行了优化，使优势环节得以强化，劣势环节得以补正，极大地提高了企业的生产效率和成本优势，提升了企业的核心竞争力。

（五）加强企业文化建设，打造优秀的企业文化

企业文化是一个企业的灵魂，是一个企业的宗旨和愿景，同时也是一个企业软实力的体现。企业文化建设是提高核心竞争力的一个重要载体，优秀的企业文化可以营造舒适的工作环境，显著提升员工之间的凝聚力，增强员工的团结协作意识。所以，加强企业文化建设，打造出适合自己的企业文化，是提升核心竞争力的有效途径。通过加强企业文化建设，打造优秀的企业文化，进而极大地提升企业的核心竞争力，使企业在激烈的市场竞争中立于不败之地。

任何企业文化的形成都不是一蹴而就的，而是一个长期的积累沉淀的过程。企业应该根据自身情况，选择最适合自己的企业文化，并不断对其进行优化。外部环境的复杂多变要求企业必须具有应变的能力，所以我们要把企业的文化建设与自身的发展战略相结合，打造具有时代烙印和自身特点的企业文化。通过独特的企业文化建设，引导员工心往一处想、劲往一处使，提高员工的认同感和归属感。同时，企业文化不能脱离企业的管理机制独立存在，只有将企业文化真正融入企业的日常经营管理中，将企业文化与管理机制有机地结合起来，才能更好地发挥企业和员工的价值，使企业的核心竞争力得到提升。

华为的总裁任正非，创立了生生不息的华为文化，他崇尚“权力智慧化，知识资本化”，以独特的狼性文化为先导经营管理公司，培养出了一批纪律严明，有强烈责任感、使命感和团体意识的员工。也正因为华为打造了优秀的企业文化，并不断完善和加强企

业文化建设，才使得企业的核心竞争力不断加强。

第三节　核心竞争力的形成与核心资源的有效配置

企业的资源指的是一切企业可以用于制定和实施战略的资产、联系等，包括人力资源、财务资源、技术资源、组织结构等。企业通过利用这些资源维持自身的经营活动。而资源的稀缺性决定了一个企业的资源必定是有限的，所以，企业在经营活动中必须不断地做出选择，比如要利用有限的资源去生产什么，怎么生产。

核心资源作为企业资源的最重要组成部分，是企业自身所具有的独特的、不易模仿的资源，对企业的价值创造以及长久发展起着重要的作用。核心资源主要有实物资源、知识性资源、人力资源以及金融资源。但仅仅拥有核心资源是不够的，若不能将其运用到合适的位置，核心资源便不能发挥自身的价值，也就无法形成企业的核心竞争力，不能促进企业的发展。所以，核心资源的有效配置以及长久存续是企业核心竞争力形成的必然条件。Sirmon等（2007）提出了企业核心资源有效配置的三个步骤：资源组合形成、核心能力的培养以及市场机会的获取。企业只有通过有意识地积累核心资源，并对其进行有效的配置，才能发挥其价值创造作用，形成企业的核心竞争力，为企业带来持续的竞争优势，从而促使企业健康快速地发展。

阿里巴巴1999年成立，2014年上市，是中国互联网巨头之一，全球著名的电子商务品牌，以其良好的资源配置优势，形成了强有力的核心竞争力，创造并成就了如今的市场地位。在金融资源方面，阿里巴巴拥有大量流动性极强的现金，现金比率较高，是典型的轻资产企业。这一特性使企业具有充足的现金流，降低了现金流断裂的风险。同时，阿里巴巴的股权投资占比较高，且多以间接投资为主，极大程度地分散了投资风险。在人力资源方面，阿里巴巴致力于收揽全球人才，建立全球领导力学院以及达摩院，培养全球顶尖的领导人才以及具有顶尖创造力的技术研发创新人才，以此形成企业的核心竞争力，为公司的进一步发展奠定了基础。在知识性资源方面，阿里巴巴在零售与批发的基础上，大力发展阿里云计算服务，旨在将电子商务与云计算结合起来，以更好地满足消费者的需求，为消费者创造价值，并最终实现企业价值的最大化。同时，阿里巴巴注重维护小企业的利益，尊崇企业家精神和创新精神，并主张“客户第一、员工第二、股东第三”的价值观，这些举措增强了员工的凝聚力，提高了企业的核心竞争力。

综上，企业核心竞争力的形成离不开企业核心资源的有效配置。企业不能对所拥有的核心资源进行盲目的投入，这样只会阻碍企业的发展。企业应该对其所拥有的核心资源及能力进行合理的分配，通过有效的组合和运用，发挥其最大的价值。同时，企业核心竞争力的形成是企业核心资源长期支持的结果。所以，我们不仅要关注企业核心资源的投入，还要关注企业所拥有的核心资源及资源组合的整体实力。通过对核心资源的积累以及合理有效的配置，才能最终形成企业的核心竞争力，为企业的稳步发展打下坚实的基础。

第四章

无形资源的战略成本管理

第一节　基于无形资源的战略成本分析内涵

一、企业无形资源的界定

无形资源是指植根于组织历史，伴随组织的成长而积累起来的，以独特的方式存在，并且不易被竞争对手了解和模仿的资产，是能够为企业创造“资财”（利润和价值）的无实物形态的经济资源。这类资产的外在特点是无形——没有实物形态、甚至无法用货币精确度量，但其存在是可以意会和感知的。通常包括品牌、声誉、技术、专利、商标、企业文化以及组织经验等，为便于分析和表述，我们将这些无形资源划分为三大类：技术资源、人力资源和声誉资源。

技术资源对于一个组织来说，包括两个方面：其一是与解决实际问题有关的软件方面的知识；其二是为解决这些实际问题而使用的设备、工具等硬件方面的知识。两者的总和就构成了这个组织的特殊资源，即技术资源。

人力资源是指以人为载体的知识、技能、经验、信息、能力等，它是隐藏在人脑中的、非编码化的活性资源。人力资源是

“活”的资源，为实现组织的战略目标，组织利用现代科学技术和管理理论，不断地获得人力资源，再对所获得的人力资源进行整合、调控及开发，并给予他们报酬，从而可以有效地利用人力资源。

声誉资源是企业在与公众（顾客、合作伙伴、投资者、员工、政府、新闻界、社区等）的社会交往中自然形成的，是企业行为能力与公众认知两方面相互作用的结果。企业声誉资源的培育、积累非常不易，需要企业从各个方面踏踏实实的一点一滴的积累。良好的声誉是企业所拥有的独特资源，它能在企业经营的各个方面提升企业的竞争力。

简单地说，无形资源就是无实物形态的资源。从企业的角度来看，无形资源对企业获得收益创造有重要影响，能够为企业带来收益，并且是企业以某种方式获得的各种非物质条件。它包含的内容如下：

（1）无形资源既包括传统意义上的专有技术、专利权、商标权等可辨认的资产化资源，也包括企业拥有的，至今未被会计确认的，如企业品牌、文化、关系等非资产化资源，它是企业的各种非物质条件。

（2）企业无形资源的取得方式是多元的，有自主开发、外购和投资者投入等，也有企业在长期的生产经营与管理实践中逐渐积累而成的。一般而言，专利权、专有技术、商标权等无形资源的取得方式主要是自主开发、外购、投资者投入等，而人力资源、声誉资源等无形资源则主要来源于企业自身的创造和长期积累。

（3）无形资源能够为企业创造收益或对企业收益的创造有重要影响，因而它们都具有经济价值。

二、无形资源的分类框架

（一）无形资源分类的相关文献

Hall（1993）将企业无形资源划分为专利、商标、版权和注册设计等知识产权；商业机密；合约和政府许可；数据库；公共领域的信息；个人和组织网络；产品和公司的声誉；雇员、专业顾问、供应商和分销商所掌握的知识；组织文化等。安妮·布鲁金（1998）将无形资产分成市场和关系类无形资产、人力资源类无形资产、技术类无形资产、基础结构类无形资产，以及无法归属于上述几类资产的其他无形资产五类。

国内学者金建国（2001）将企业的无形资源分为能力资源、关系资源、技术资源、文化资源、制度资源、信息资源和其他无形资源七类。王维平，刘旭（2005）首先将无形资源分成“狭义无形资源”和“广义无形资源”两类，再将前者划分为商标权、专利权、非专利技术、商业秘密、特许经营权、企业版权等，将后者划分为企业形象、营销关系网络、信息技术系统、企业文化、战略规划与政策、人力资源等。

（二）企业无形资源的分类

（1）按照企业组织的依附性对企业无形资源进行分类，其可分为可分离型和依附型。其中，可分离型无形资源是指企业通过自主开发、购买或接受投资人投资所取得的，可脱离企业而独立存在或可进行交易的无形资源，比如专利权、商标权等。该类无形资源具有知识性强、可复制、创造性模仿的风险大等特征，同时该类资源通常有法定期限或经济寿命，其价值通常会随着时间的推移而减少。依附型无形资源是指企业在长期的生产经营与管理实践中逐渐积累形成的无形资源，如声誉资源等。该类无形资源必须依附于特定的企业组织而存在，不能独立交易，独立发挥作用。相比较而言，该类无形资源的一个显著特征是难以被其他企业所复制，风险小。同时，该类无形资源的受益期限也是不确定的，它们往往与企业组织共存亡，其资源价值也不会随时间的推延而递减，而且声誉资源的价值与企业存续期具有正相关关系，即企业经营的历史越长，这类无形资源的价值也就会越大。

（2）企业无形资源按照与企业竞争优势之间的关系，可以划分为战略性无形资源和一般无形资源。一般无形资源与战略性无形资源最大的区别就在于其能够轻易地被复制、模仿、转移，在市场上能够购买到，因而只具备一般价值，不能为企业带来竞争优势，不能给企业带来超额利润。战略性无形资源能够为企业带来竞争优势，其竞争优势归结为稀缺性、有价值、不可替代和难以模仿，它们能够给企业带来超额收入，同时也能够不断提升企业价值。但是，一般无形资源与战略性无形资源的划分并不是绝对的。

三、无形资源的战略价值分析

（一）无形资源的共同性质

无形资源的共性包括但不限于以下方面：

（1）无物质形态。即没有具体实物形态和稳定的存在形式。

（2）价值贡献性。即对企业有使用价值或对企业效益有贡献。

（3）记忆与累积性。即对开发和利用的投入、过程与结果具有记忆与累计能力。

（4）学习、创造与自我完善性。即对已有资源能进行一定的消化、融合、转化与创造。

（5）非独占性。即同一资源可以多头并行使用或重复使用。

（6）内部构成具有复杂性和交互关联性。指无形资源内部构成及它们之间的关系、相互作用机理的复杂性和关联性。

（二）无形资源的战略特征

1. 生成过程中的背景依赖和路径依赖性

企业无形资源的生成过程常常依赖于一系列独特的历史背景和空间背景，这些背景为无形资源生成提供了条件，没有这些独特的时空背景，相应的无形资源将难以再次生成。巴尼（1997）认为，过去已成为历史，其他企业在获取和开发该类资源时会面临明显的成本劣势，因为完成这些工作需要其他企业重新创造出相同的历史条件，这几乎是不可能做到的。

企业无形资源的生成过程也伴随着路径依赖的特性。Dierickx & Cool（1989）、Collis & Montgomery（1995）和Barney（1995）等人认为，依靠独特的历史路径所产生的资源，是企业通过长期复杂的历史积累逐步形成的，因此，竞争对手无法通过市场立即买到这些资源，需要花上一定的时间来生成这些资源，但即便如此，也不一定能得到这类资源，因为企业独特的历史路径是不可复制的。

2. 内部构成的社会复杂性

无形资源的内部构成和相互关系表现出一些复杂的社会现象。这种社会复杂性不但竞争对手理解困难，可能就连企业内部的管理人员也对此难以解释，难以系统地管理和施加影响。

3. 相互之间的交互关联性

Dierickx & Cool（1989）认为，资产的累积进度不仅与资产本身的存量相关（即积聚效率的存在），还会受到其他资产存量水平的影响，这就是存量资产之间的交互关联性。无形资源与有形资源之间、不同类型的无形资源之间、无形资源与企业能力之间都存在交互关联的关系。特别是企业文化、思想、知识、关系、声誉等无形资源之间的交互影响，更是一种复杂的网状关系。

4. 与竞争优势之间关系的因果模糊性

Lippman & Rumelt（1982）的研究表明，成功的企业自身往往很难以完全弄清其竞争优势与所控制资源之间的因果关系。Barney（1991）认为，因果模糊性是指企业某些资源与竞争优势之间的关系不能够被确定或完全确定。这种因果模糊性不仅适用于竞争企业，也适用于具有持续竞争优势的企业本身。Barney（1991）认为，只要企业资源与其竞争优势之间的联系存在多种看似合理的解释，“因果模糊性”就可以说是存在的。

5. 交易和流动困难性

无形资源不仅难以模仿，而且很难进行交易和流动。因为大多数无形资源没有稳定和具体的存在形式，其成本和价值难以确认，产权相对模糊，所以不存在较完备的可以交易这种“高度异质性”资源的市场，这使得企业独特的无形资源，比如声誉、口碑等，几乎是不能交易的。Williamson（1975）、Rumelt（1987）以及Peteraf（1993）将企业无形资源交易困难归因于“交易成本太高”。

随着市场经济的发展，无形资源优势日益显示出强大的力量，已经成为企业竞争制胜的关键，并发挥着越来越大的作用。竞争对手可以很快拥有实物和资金等有形资源，但长期形成的无形资源优势却是很难超越的。因此，无形资源更具企业战略资源的特质，给企业带来竞争优势的可能性最大，应属于企业的生存核心资源。

因为无形资源涉及的内容较多，限于篇幅，本书主要对无形资源中的技术资源和人力资源进行案例说明。

第二节　技术资源路径、成本和核心竞争力

当前研究已经将技术资源视为创新企业的关键资源和企业获取竞争优势的核心资源。学术界和实业界都逐渐意识到技术资源在

提高公司竞争优势方面的重要性。因而，如何有效获取技术资源、技术资源如何影响企业核心竞争力的问题一直是学术界探讨的热点话题。

一、技术资源与技术资源成本分析

（一）技术资源的定义

企业技术资源包括企业专利技术、专有技术、商标使用权、版权、计算机软件等可确指的无形资产，以及企业日常经营管理、生产、技术等操作层面的素质技能。

一些学者从提高企业竞争优势的角度给出了技术资源的定义。例如Zhao，Tong，Wong和Zhu（2005）认为技术资源是企业的一种主要竞争优势，是一种关键战略资产；Lo′pezRodrı′，Rafael和Rodrı′guez（2005）认为技术是一个公司取得竞争优势的主要来源，它不仅能基于产品差异化创造竞争优势，而且还为公司在成本方面取得竞争优势提供了平台。

（二）技术资源获取方式

技术资源获取的路径主要有两种，即内部获取和外部获取。

（1）内部获取，即企业自身的研究和开发活动。

（2）外部获取，即租赁外界技术资源；购买外界技术资源；合并或收购一个拥有技术资源的企业等。

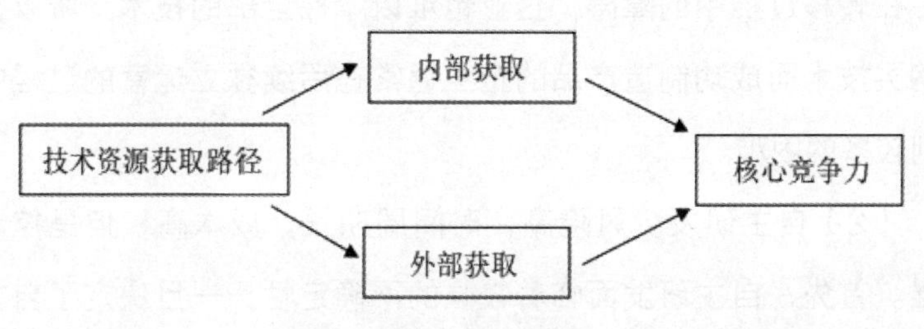

图4.1　技术资源获取路径

通常一个企业主要是通过自主研发实现企业的成长，即企业通过对自身产能的建设来实现企业规模的扩张，依靠内部积累实现技术创新，培育公司核心竞争力，此为内部获取。当其在人才、品牌、资金等方面都有很好的积累时，企业会更倾向于选择外部获取，即企业通过外部收购、兼并等方式实现企业规模的扩大。因为这样企业能够更快地扩张企业规模，更好地进入新领域。不同的企业会采用不同的成长方式，同一个企业在不同阶段也会采用不同的成长方式。

（三）不同路径的技术资源成本分析

技术优势是企业竞争力的重要来源之一，企业做研发的目的不是为了做福利，与企业的其他行为一样，成本永远是第一位的。所以，企业获取技术资源时也必须考虑成本。

（1）购买技术。整体成本低，技术成熟，但是付现成本多（以现金支付的成本费用），没有控制权，没有技术的核心。首先，购买技术会有各项费用，比如技术服务费、技术转让费等。如果能够降低交易成本，技术市场的规模可以变大，那么就可以降低购买技术的平均成本。其次，专业的人做专业的事情，专业团体替企业开发技术，必然比企业自身组织团队开发成功率高，成本消耗低，而且更成熟，更专业。但是，即使购买了技术，可以成功生产了产品，因为对整体生产技术的理解不够，以及技术的缄默性和复杂性在转移过程中的障碍，企业也难以掌握全部的技术。所以，通过购买技术而成功制造产品的企业通常在后续独立运营的过程中会遇到较多的困难。

（2）自主研发。风险高，时间周期长，成本高，但是控制力较强。首先，自主研发面临着较强的不确定性，一旦决定了自主研发，那么就需要人力、物力、精力的不断投入，而且还不确定能否

成功。其次，要培养一支研发团队并不容易，要花费很长时间和大量物力，通常一个研发人员的待遇足以承担2－3个业务或行政人员的成本，因此，研发团队成本对一个企业来说是一个不小的负担。但是，众所周知，如今要在技术和信息快速发展的市场中生存下去，没有靠得住的研发团队的话是很难在激烈的竞争中取得优势的，特别是对于研发型的公司来说。同时，企业自主研发，团队会比较清楚地了解掌握核心技术。

（3）付费使用（获得使用权）。整体成本最低，能够快速进入市场，但是控制力最弱。对于技术使用者而言，一旦获得了该项技术的使用权，就有机会获得一个有价值的技术方案，从而快速进入市场，为企业活动或者技术开发提供重要的技术支撑，缩短了研发时间。而且，通过付费就能取得相应的技术，节约了大量的人力和物力成本。但是，对于技术使用企业来说，即使接受了某一种技术，也难以在短时间内达到技术出让企业的水平，而且随着费用的付清，技术使用企业会丧失对技术出让企业的支配能力，对技术资源的控制权也相应减弱。如果使用费用足够低，企业会乐意通过购买使用权来替代内部研发。

在选择技术资源获取路径时可以综合考虑，无论是企业自主开发、购买还是付费使用，不仅要看自身的需求，还要考虑技术资源获取成本，结合企业自身发展状况和技术资源的市场成熟度，如果外部技术足够成熟，那么外购或者付费使用也无可厚非，但是，如果想把控制权和核心技术牢牢掌握在自己手中，可以选择自主研发。如果企业研发力量不够，甚至没有研发机构，这样购买技术或者付费使用，就可以提升企业自身的研发基础，加快研发进度。

二、华为、中兴通讯、联想等案例对比分析

（一）案例公司简介

1. 华为公司

华为技术有限公司于1987年在中国深圳正式注册成立，初始资本是2万元人民币，最初是一个由6个人组成的民营企业。目前，华为已经成为国际化大公司，是全球领先的信息与通信技术（ICT）解决方案供应商，华为的产品主要涉及通信网络中的交换网络、传输网络、无线及有线固定接入网络和数据通信网络及无线终端产品，他们为世界各地通信运营商及专业网络拥有者提供硬件设备、软件、服务和解决方案。到现在，全球170多个国家和地区都有华为的业务，华为拥有18万多名员工，服务全球超过三分之一的人口。

30多年来，华为从一个默默无闻的小公司成长为世界500强企业之一，是唯一一家上榜的非上市民营企业。2012年，华为在全球通信业低迷的情况下逆势而上，销售收入超过爱立信，成为全球通信设备制造业的龙头企业。2013年，华为手机业务在全球销量中排第三，仅次于苹果和三星。华为通过全球15个研究院/所、36个联合创新中心，在全球范围内开展创新合作，共同推动技术的进步。2015年，根据世界知识产权组织发布的数据，华为连续两年以3898件专利申请高居排名榜首。过去10年，华为研发投入总额超过3130亿元人民币，华为基本每年都会将15%的收入用于研发。华为不仅要做大，而且要做强，其2018年的营业收入达到7212亿元人民币，净利润593亿元人民币。华为以客户为中心，力求技术领先，不断创新，不断努力构建完美世界，连接世界，为客户和社会创造价值。

2. 中兴通讯

中兴通讯正式成立于1985年，历经长期的努力，如今已经成

为全球领先的综合通信解决方案提供商。公司通过为全球160多个国家和地区的电信运营商和企业网客户提供创新技术与产品解决方案，让全世界用户享有语音、数据、多媒体、无线宽带等全方位沟通。中兴通讯已全面服务于全球主流运营商及企业网客户，智能终端发货量位居全球第六及美国前四，并被誉为“智慧城市的标杆企业”。

中兴通讯在美国、法国、瑞典、印度及国内等地共设有18个全球研发机构，近3万名国内外研发人员专注于行业技术创新。2012年中兴通讯蝉联PCT（专利合作条约）国际专利申请量全球企业首位。公司依托分布于全球的107个分支机构，凭借不断增强的创新能力、突出的灵活定制能力、日趋完善的交付能力赢得全球客户的信任与合作。在2018年PCT国际专利申请量的全球排名中，中兴通讯以2080件PCT国际专利申请量跻身全球前五，这也是它第九次而且是连续九次进到前五。截至2019年下半年，中兴通讯累计申请的专利数量已经超过了7.4万件，其中全球授权专利数量也已经超过了3.6万件。中兴通讯坚持以持续技术创新不断为客户创造价值。

3. 联想集团

联想集团，成立于1984年，是由中科院计算所投资20万元人民币，11名科技人员共同创办的一家在信息产业内多元化发展的大型集团公司，是一家富有创新性的国际化的科技公司。联想公司主要生产台式电脑、服务器、笔记本电脑、打印机、掌上电脑、主板、手机、一体机电脑等商品。经过30多年的发展，联想已经成长为一个国际化的大公司。联想从1996年开始就一直是我国电脑市场的销售冠军，2013年至2016年连续四年在全球电脑市场销售份额中占据第一的位置，是全球最大的PC厂商。联想在成长的过程中完成了中国历史上有影响力的一次“蛇吞象”的大型跨国海外并购——在

2004年收购美国IBM全球PC业务，这让联想在国际上声名大噪。截至2016年3月，联想拥有员工6万余人。2018年9月2日，中国企业联合会、中国企业家协会发布2018年中国企业500强榜单，联想集团公司排名第55。2020年10月12日，胡润研究院发布的《2020胡润中国10强消费电子企业》显示，联想集团以540亿元人民币价值排名第7位。

联想不仅在国内的北京、深圳、上海和成都拥有四大研发机构，在日本的东京和美国的罗利也设有研发机构，并且北京、东京、罗利三地的研发机构构成了联想的全球研发架构。作为全球电脑市场的领导企业，联想从事开发、制造并销售可靠的、安全易用的技术产品及优质专业的服务，帮助全球客户和合作伙伴取得成功。

（二）技术资源路径分析

华为研发（内部获取）。华为主要采用的是自主研发，主要靠内部积累实现自身的发展。华为公司的技术研发支出占营业收入的15%左右，技术研发不仅没使企业的产品成本增加，反而使人力和物力得到了大量的节省，这促使华为的市场竞争力长期处于领先地位。持续增加的技术研发和持续增加的技术资产，被认为是华为获取竞争优势的两个关键性决定因素。

中兴通讯研发（内部获取）。其核心技术掌握不足，中兴通讯其所在业务的核心竞争力体现在相应领域的研发创新上，力争在无线、核心网、承载网、接入网等领域保持全球领先地位；中兴通讯的运营商业务、消费者业务板块在营业收入中占有绝对主导地位，由于通信设备制造业产业链全球布局，所需原材料来自全球，以中兴通讯基站设备为例，中兴通讯采购来自全球的元器件，然后组装，但组装并不意味着低端的技能需求。在中兴通讯的研发人员中，有大量的人员从事软件开发，甚至可以认为中兴通讯、华为等通信设备制造公司是中国最具代表性的软件开发公司。在受到美国制裁后，中兴通讯不仅没有因利润的大幅下降而减少研发投入，还在研发投入的质量上有了质的提升，抓住了5G的发展浪潮，并且在5G芯片研发上大展身手，取得了重大研发成就。

联想并购（外部获取）。联想集团通过收购IBM的PC业务，成功迈进PC产业链高端环节，而且获取了许多战略性资产，进而有助于提升其自身的价值创造能力。在技术与人才方面，联想收购IBM获得了IBM的专利技术以及可以使技术持续和完善下去的研发团队和专业人才，这些专利技术和人才就是联想建立核心竞争力的基础。当然，联想还收购了摩托罗拉、巴西电子生产商CCE、德国个人消费电子企业Medion、美国Stoneware公司等。通过并购和成功的整合，联想的国际性品牌和国际化的渠道也均得到显著的提升和拓展，最终形成联想自身的优势。

（三）对技术资源的控制程度分析

随着中国科研实力与技术水平的日渐提高，中国高新科技企业在全球分工中的地位亦日趋重要，在这种企业地位转变的背后，则蕴含着中国与发达国家之间贸易关系的变化，中国与发达国家之间，尤其是中美之间的贸易关系，正逐渐由互补向竞争转变，并逐步形成贸易冲突。

首先，2018年4月16日，美国政府宣布了对中兴通讯的制裁令，禁止未来7年美国企业向中兴通讯出售零部件、软件以及技术，致使其主要业务瞬间进入瘫痪状态，中兴通讯因此元气大伤。最终，虽然中兴通讯和美国商务部达成了新的和解协议，但中兴通讯付出了惨重的代价，向美方支付高达10亿美元罚金，给第三方缴纳4亿美元保证金，还需要更换董事会和管理层，并且要同意接受美方严格监管等条件。美国制裁直接导致中兴通讯当年巨额亏损69亿元人民币，由于缺“芯”少魂，中兴只能任人宰割。

中兴通讯事件戳破了我国计算机通信业表面的繁荣，暴露出缺“芯”的致命弱点。中兴通讯缺少对核心技术的控制，在关键领域缺少突破，所以在面对美国制裁时才会损失如此惨重。中兴通讯作为中国高新技术行业的领军企业，其技术战略具有相当先进的思维特征，每年的技术研发费用占比约为10%。尽管有如此巨大的研发投入，但不注意核心技术的创造，产品中最核心的芯片（手机芯片、FPGA芯片、射频芯片、模拟芯片）全部依赖高通、赛灵思、Skyworks、Broadcom、英特尔、德仪等美国科技巨头，依靠进口才创造漂亮的销售业绩。因此，中兴通讯在美国禁令面前依然不堪一击。

其次，同年5月6日华为同样受到美国的制裁，甚至连制裁的手段都如出一辙，都是在芯片上做文章。然而，华为在冲突中的表现却与中兴通讯大相径庭，不仅短期内在企业运营上依旧保持了稳定，同时还对美国相关本土企业产生了反制。华为在此次贸易冲突中所展现的抗压能力与其自身所具备的核心竞争力是密不可分的。

任正非曾经在与华为“2012实验室”的员工座谈时表示，做手机芯片是华为的战略性业务，就算芯片做成了，但暂时没用，也还是要坚持做下去，因为一旦其他芯片公司不给华为供货的时候，华为还能利用自己的芯片继续生产，不至于被别人卡住，最后死掉。与中兴面对的缺芯困境不同，华为被制裁当晚，海思总裁何庭波内部发文：“所有我们曾经的备胎（多年前为应对美国政策，压在保密柜里面的芯片），一夜之间全部转正，今后还将保持开放创新，并实现科技自立。”华为早在2004年10月即创立海思芯片，并通过该公司完成对旗下产品芯片的设计研发，经过多年的研发投入，海思的手机芯片设计能力逐渐达到了国际一线水平。华为方面在受制裁后显示出了极限生存的能力，迅速准备启用其秘密研发已久的“麒麟”芯片和“鸿蒙”操作系统来对抗美国制裁措施。虽然华为在短期内实现手机芯片加工、生产、评测等环节的全部国产化仍有一定难度，但在核心的设计环节已可达到自给，这也是其在应对美国企业断供时的底牌之一。最终，在各方努力下，当年华为经营业绩基本未受到影响，实现净利润593亿元人民币，收入和利润相比上年均实现稳定增长。这也说明企业只有站在核心技术制高点，才能掌握未来发展的主动权。

再次，一直以来，联想通过并购实现资源的整合，但缺少对核心技术的打造，联想的PC产品的主要零部件都依赖美国。但是，依赖收购赚取的短期利益风险极大，从年报上也可以看出，联想的营业收入和净利润的波动都很大，这对企业的发展是十分不利的。企业想要盈利，自主研发是一条途径，通过并购不断扩大自己的经营也是一条路。

对于高新技术企业来说，自主研发投入是必不可少的，在信息化时代下，完全依赖别国的技术将处于被动的不利地位，受制于人。正如习近平总书记指出的：“关键核心技术是要不来、买不来、讨不来的。只有把关键核心技术掌握在自己手中，才能从根本上保障国家经济安全、国防安全和其他安全”。

（四）技术资源成本的表现——研发投入分析

目前高新技术企业研发活动上的投入包括场所和设备等固定资产的投入、人员的投入、金钱的投入以及信息资源的投入等。有些投入因素可以得到准确计量，有些则缺乏准确计量的标准。本书选择研发费用、研发费用占比两个指标作为企业研发投入分析的对象。

表4.1　华为、中兴通讯、联想2008—2018年研发费用（亿元）

年度 企业	2008	2009	2010	2011	2012	2013	2014	2015	2016	2017	2018
华为	104.7	133.4	176.5	237	297.5	306.7	408.5	596.1	763.9	896.9	1 015.1
中兴通讯	39.94	57.82	70.92	84.93	88.29	73.84	90.09	122.01	127.62	129.62	109.06
联想	14	13	19	29	39	47	74	96	88	80	85

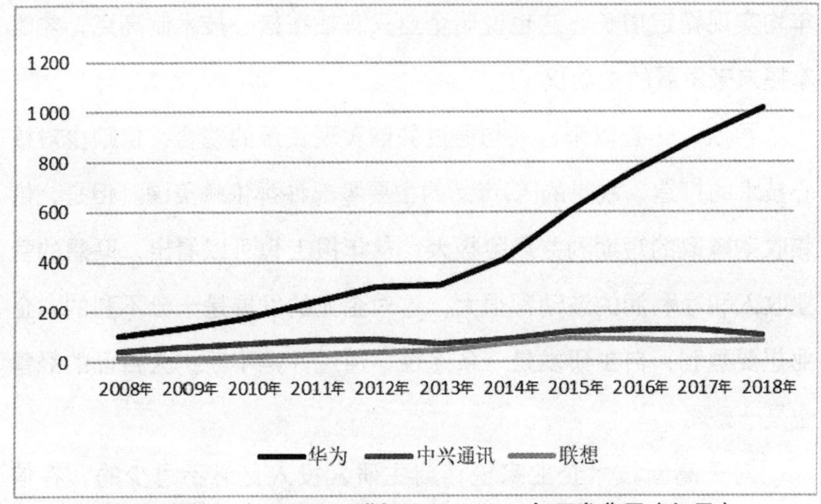

图4.2　华为、中兴通讯、联想2008—2018年研发费用（亿元）

研发费用的投入是计算机通信企业保持高增长的重要支撑，重视科研投入将有助于提高通信企业的创新性以及巩固行业地位。

从整体看图表，可以看到三家企业的研发费用皆呈上升趋势，其中华为上升最快，特别是从2013年开始呈大幅上升；相比之下，中兴通讯和联想的研发费用上升较为缓慢，研发费用投入远不及华为。从局部来看，华为的研发费用从2008年的104.7亿元上升到2018年的1 015.1亿元，增长十分迅速，说明华为非常重视研发投入；中兴的研发费用从2008年的39.94亿元上升到2018年的109.06亿元，虽说增长缓慢，但也呈现出整体上涨的趋势，其中2018年略有下降，是因为受到美国禁售的影响；联想的研发费用从2008年的14亿元上升到2018年的85亿元，联想集团作为计算机通信企业的领头羊，对于研发投入明显不足。2018年华为的研发投入费用大约是联想的12倍。综合比较下来，华为能够获得核心技术是有原因的，其非常重视研发投入，研发是华为核心竞争力的来源。

表4.2　华为、中兴通讯、联想2008—2018年研发费用占比（%）

年度 / 企业	2008	2009	2010	2011	2012	2013	2014	2015	2016	2017	2018
华为	8	9	10	12	14	13	14	15	15	15	14
中兴通讯	9	9.5	10.2	9.9	10.5	9.8	11	12	12.3	11.9	12.8
联想	1.5	1.2	1.3	0.6	1.8	1.9	2.6	3.3	2.9	2.8	2.5

注：研发费用占比即研发投入强度；研发费用占比=研发费用/营业收入

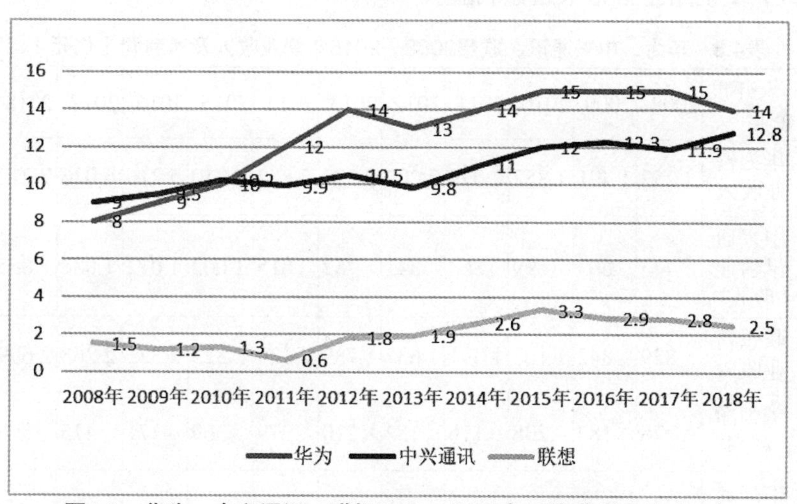

图4.3　华为、中兴通讯、联想2008—2018年研发费用占比（%）

通过图表可以看到三家企业的研发费用占比情况，我们可以很明显地看到华为的研发费用占比是三家企业中最高的，从2008

年的8%、2009年的9%，除2013年、2018年略有下降，一直呈现出上升趋势，2015年后基本维持在15%，说明收入的15%左右投入到了公司研发之中；中兴通讯的研发费用占比基本在10%上下波动，虽整体上不及华为的投入占比，但每年也基本能做到把收入的10%投入到研发之中，在2018年的特殊形式下，中兴通讯的研发费用占比仍然比上年增加了将近1%，且同年研发费用占比达到了历年最大值；最后是联想，我们可以明显地看到，联想的研发费用投入占比最低，与前两家有着很大差距，平均下来大约有2%，说明联想只把收入的2%用于公司的研发，对研发的投入严重不足。

（五）技术资源产出的表现——收入

本书采用营业收入、净利润来反映企业的技术资源的产出，采用毛利率反映企业技术的含量，毛利率越高说明产品差异化程度越大，更能给企业带来超额收益。

表4.3　华为、中兴通讯、联想2008—2018年营业收入及净利润（亿元）

企业＼年度	2008	2009	2010	2011	2012	2013	2014	2015	2016	2017	2018
华为营业收入	1 252	1 491	1 852	2 039	2 202	2 390	2 882	3 950	5 216	6 036	7 212
中兴通讯营业收入	443	603	699	863	841	752	815	1 002	1 012	1 088	855
联想营业收入	829	842	1 107	1 391	1 637	1 789	2 139	2 323	2 321	2 268	2 699
华为净利润	78	183	238	116	154	210	279	369	371	475	593
中兴通讯净利润	19	27	35	22	–26	14	27	37	–14	54	–69
联想净利润	3	8	15	26	32	40	45	–21	30	–11	36

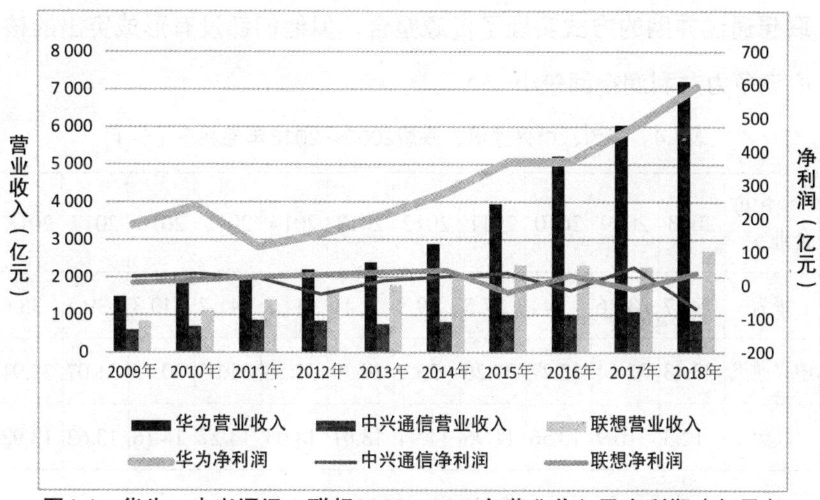

图4.4　华为、中兴通讯、联想2009—2018年营业收入及净利润（亿元）

根据上面的图表我们可以看到，在2009—2018年的10年间，华为的营业收入一直呈大幅增长状态，中兴通讯和联想的营业收入整体上也是增长的，只不过增长幅度不及华为。可见华为投入大量的研发费用，其技术资源优势已经显现出来，从2008年的1 252亿元到2018年的7 212亿元，其营业收入增加到近6倍；中兴通讯的营业收入从2008年的443亿元到2017年的1 088亿元，其营业收入增长能力也不容小觑，企业的发展还是不错的，2018年仅为855亿元，是因为受到美国制裁事件的影响，不过从此中兴通讯更加注重对于核心竞争力的打造，更专心研发5G技术；对于联想，其营业收入从2008年的829亿元到2018年的2 699亿元，也是整体上升的。从净利润来看，2008年以来，华为的净利润虽然有上下波动，但整体上是呈上升趋势的，且经过2011年的低谷后一直是稳步上升的；对于中兴通讯和联想，从图上我们可以直观地看到，两家企业的净利润一直是不断波动的，甚至两家都出现过亏损，中兴通讯在2012年（也受到了美国制裁）、2016年、2018年都出现了不同程度的亏损，联想在2015年、2017年也出现了亏损。虽然中兴通讯也是自主研发，联想通过并购的方式实现了资源整合，但他们都没有形成突出的核心竞争力，利润空间较小。

表4.4 华为、中兴通讯、联想2008—2018年毛利率（%）

企业＼年度	2008	2009	2010	2011	2012	2013	2014	2015	2016	2017	2018
华为	39.7	39.6	44	37.5	39.8	41	44.2	41.7	40.3	39.5	38.6
中兴通讯	33.43	32.64	32.27	30.26	23.9	29.39	31.56	31.03	30.75	31.07	32.91
联想	12.3	10.9	10.56	11.96	11.94	13.01	14.03	14.27	14.16	13.62	13.92

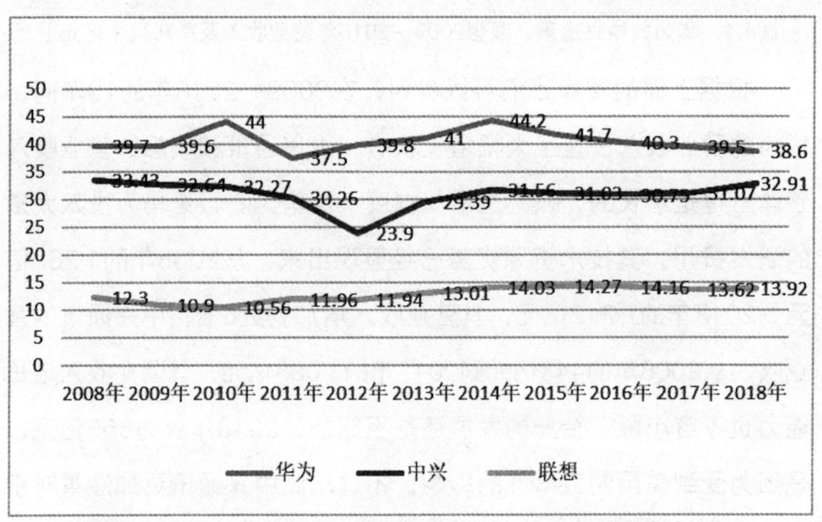

图4.5 华为、中兴通讯、联想企业2008—2018年毛利率（%）

毛利率反映的是一个商品经过生产转换内部系统以后增值的那一部分。公司毛利率越高，说明其技术含量或产品差异化程度也就越大。根据上面的图表我们可以很清晰地看到，华为的毛利率最高，基本在40%，其次是中兴通讯，大部分也在30%左右，毛利率最低的是联想，最高的才14.27%。华为基本都是自主研发，其盈利能力很强，中兴也是自主研发，但是还没足够掌握其核心技术，其盈利能力要稍弱。联想选择的发展路径和上面两家不同，更注重贸易，以贸易取胜，其PC产品的核心部件都是国外进口或由其他供应商提供，专利技术是通过收购而来，所以联想的自主定价权受限很大，这会影响到联想的利润。

（六）核心竞争力

1. 联想和华为的比较

1992年，联想的营业额是华为的17倍。2018年，华为的净利润达到593亿元，而联想的净利润则为36亿元，华为的净利润是联想的16倍还多。2019年8月22日，全国工商联发布了2019中国民营企业500强名单，华为脱颖而出，连续第 4 年占据榜首，是唯一一个突破7 000亿元营收大关的企业。而联想集团从2015年的榜首逐年下滑至第 9 位，营收总额约为华为的一半。联想和华为都成立于20世纪80年代，起初联想在人员构成的质量和数量上都远超华为，但在经过了30多年的长期发展后，目前两家企业的实力已经发生了逆转，华为注重研发创新的优势已然显现。华为后来居上，逐渐追平并超越联想，其中的原因值得我们深入探讨。

第一，最主要的原因是联想研发投入不足。联想“志不在此”，走的是贸易路线，华为重研发，坚持技术创新，以技术取胜。从前面研发投入的分析中我们就可以看出来，联想仅把每年收入的大约2%投入到研发之中，在研发方面的投入远低于华为。联想走到今天越来越不像高科技公司，更像是一家贸易公司了。不过，联想走上“贸易”的发展道路，在初期可谓是一帆风顺，1996年，联想电脑首次超越国外品牌，国内市场占有率第一，2004年收购IBM个人电脑业务，2008年首次入选《财富》500强，这期间，联想的商业发展达到了顶峰，但之后，就开始走下坡路了。

第二，联想缺乏核心技术优势。由于联想在发展过程中倾向于用并购来获取其他企业的技术和市场，通过并购扩大企业规模，达到规模经济实现盈利。联想的成功是建立在微软、IBM、Intel等企业提供的技术产品基础之上的。但是联想在其核心业务中却没有核心技术，PC的核心组件——处理器、操作系统、液晶显示器、硬盘等都依赖进口或其他供应商，没有完全的自主定价权，这不利于其长期发展。近年来，联想过分偏重并购活动，大部分的资金被用于并购，使得科研投入相对减少，而且购买来的资源需要时间来磨合，且未必能为联想提供理想的技术支持。联想的采购额巨大，依赖进口，不想自主研发产品，这都会影响到企业未来的发展前景。从长远来看，联想集团核心技术除了通过外部获取外，还应重视集团内部的技术积累，加大对核心技术的研发投入，提升核心竞争力。

2. 中兴通讯和华为的比较

从长远来看，虽然这两家企业的发展目标和发展趋势都是一样的，都在一直不断向前、不断进步，但对比来看，华为大步流星，中兴通讯则是步履维艰，而且它们在面对美国制裁时的不同表现，背后的深层次原因，更值得我们进行探讨。

第一，中兴通讯研发投入略显不足。就研发投入的绝对数额而言，中兴通讯一直落后于竞争对手华为公司，且差距有越来越大的趋势。2008年，中兴通讯研发投入为39.94亿元，华为公司研发投入为104.7亿元。到2018年，中兴通讯为109.06亿元，而华为公司的研发投入额已经达到1 015.1亿元。中兴通讯的研发投入强度均在10%左右，而华为公司的研发投入强度从2008年的8%开始稳步上升，2011年实现反超，并且之后一直略高于中兴通讯。中兴通讯研发投入占比基本在10%左右，而华为在2015年后基本维持在15%。综合中兴通讯的研发费用支出和研发费用占比这两方面的情况来看，中兴通讯在研发上的投入不断上涨，特别是在遭遇美国制裁后的2018年，研发投入占比仍达到近13%，最近几年公司研发活动的重点放在了5G方面和芯片方面。

第二，缺乏自主研发能力。中兴通讯尽管在无形资产结构、研发投入、专利产出方面与华为相当，体现出了一定的创新能力，但缺少自主研发能力，严重依赖上游企业的芯片供应，其仍需在关键技术领域增强质量，提升自主研发能力。这也暴露出我国计算机通信业存在自主知识产权不足、缺少核心竞争力的问题。

第三，中兴通讯针对高技术壁垒的研发投入较少。华为公司在开展研发活动时特别强调高技术壁垒，自主研发的芯片成为其在行业内无人能及的核心竞争力，而中兴通讯只能从国外进口。中兴通讯尽管有高额的研发投入，但不注意核心技术的创造，产品中最核心的芯片，全部依赖高通、赛灵思、Skyworks、Broadcom、英特尔、德仪等美国科技巨头，依靠进口创造漂亮的销售业绩。一旦供应商无法供应芯片或者因为政策原因拒绝供应时，公司便失去很多盈利的机会，甚至会面临经营不下去的风险。

华为和中兴通讯尽管都有巨大的研发投入，但如果只是一味加大研发投入，而不能有效分配资源，不注重对核心关键技术的投入与打造，再大的研发投入也不能提升通信行业的核心竞争力，其发展也终将被其他国家牵制。在高研发投入中获得高回报是中国通信企业值得深思的问题。

（七）对我国企业的启示

其实，对于一家企业而言，实现商业的成功，路线不止一条，就如珠峰的南坡和北坡，都可以到达峰顶。华为、中兴通讯、联想都是我国高新技术企业的优秀代表，都顺应时代潮流，走出国门，把中国制造与中国创造成功推向世界，成为海内外知名的国际化企业。

1. 加大研发投入，掌握关键核心技术

虽然美国对我国的高新技术企业进行制裁，对我国高科技产品的出口进行限制，对我国有竞争力的技术进行阻碍，但是，在这样的情况下，我国企业更要有长远的战略打算。加大研发投入，快速掌握关键核心技术，打造新一代信息技术，这是我国企业发展的必经之路。此外，要合理利用巨大的研发投入，要有针对性的研发，在关键核心技术上多投入，不断研发创新，适当减少周边投入，尽量做到在核心关键技术上依赖自身，唯有在核心技术上更加卓尔不群，更加不可替代和模仿，才能一直在市场竞争中立于不败之地。

2. 企业全方位提升核心竞争力

企业要寻求多种方式增强自主研发能力，全方位提升创新能力。企业要紧跟行业的发展趋势，发挥高新技术行业的聚集效应，对创新资源充分利用，提高创新产出。同时，企业还应关注研发人员、技术人员的数量和业绩考核，充分发挥他们的最大潜力，积极与高校、科研院所合作，挖掘人才，留住优秀员工。企业还要根据自身生命发展周期，合理安排不同阶段的研发投入。

3. 选择合适的技术资源获取途径

华为以自主研发为核心驱动，配合有效的营销策略，成为高新技术行业的领先企业。联想以多次并购为途径，获取需要的技术资源，成为个人电脑行业的佼佼者。中兴通讯也是自主研发，但是核心技术打造不足。通过对三家企业的分析和对比，会有这样一个疑问：究竟是自主研发还是并购能够让企业在竞争中处于优势地位?根据目前的情况，华为在竞争中处于更加有利的地位，其发展越来越好。但是，联想仍有可能在多次并购中学习到并购经验和整合能力，实现资产优势向竞争优势的转化。试想通用电气被视为并购整合的达者，可这家企业已经创立有120多年，可谓基业长青。相比之下，联想仅有30多年的历史，并购整合的经验可能还不足。

因此，对于想要获得核心竞争力的企业而言，我们的建议是：

要根据企业自身所处的行业特点，先集中精力进行自主研发，不断创新，然后凭借创新带来的技术优势获取竞争优势，之后选取适当的目标进行相对较小的并购，最后是最关键的一步，就是并购的整合，若能成功整合吸收，企业的发展将会更上一层楼。

第三节　人力资源成本分析

现代企业的竞争，是企业整体实力的竞争。在企业管理中，人力资源的管理组织和有效利用，人的积极性和主动性的有效发挥，人员素质的提高和智力的开发，关系到整个企业系统的有机运行和效能，对企业生产经营的能力和效果起着至关重要的作用。因此在无形资源的开发中要重视企业人力资源的开发，最大限度地调动员工的积极性和创造性。本部分将对苏宁易购员工持股计划成功案例和*ST康得员工持股计划失败案例进行对比分析。

一、理论基础

（一）激励理论

所谓激励理论，就是设定一种管理模式，让员工可以完成最大限度的工作。这种模式不仅可以满足公司的业绩要求，同时也可以调动员工自身的工作积极性。在企业两权分离的情况下，所有者和经营者、员工的利益在某些方面存在冲突，因此，存在一定的风险。为尽可能地降低这一风险，公司可以对经营者及员工进行激励。激励理论是行为科学中用于处理动机、行为和目标之间关系的核心理论。能否对员工进行充分的激励，也是判断人力资源管理是否有效的一个重要标准。激励是为了满足双向需求而产生的，企业满足其发展需要的同时，经营者与员工也可以满足其自身需求，从而激发员工为企业服务的动机与积极性，让人充分发挥其才智，为企业创造利润。若企业合理分配剩余财产，人的需求可以被满足，那么就会充分发挥主观能动性，保证工作的效率，从而使企业从中获益。若不能满足经营者自身需求，那么他们就极有可能做出损害企业利益，满足自身需求的行为。员工持股计划作为一种可以适应多重需求并且具有长效的激励机制，可以被运用在公司治理中。

（二）委托代理理论

1930年左右，委托代理理论开始兴起。该理论是由美国经济学家伯利提出的。委托代理理论的核心就是将企业的所有权和经营权分开，所有者将经营权交托给管理者，仅对剩余财产保留所有权。传统的委托代理理论将研究主要集中在所有权委托代理关系和经营权委托代理上，焦点是经理人的机会主义行为。股东大会拥有企业的最终控制权，是所有权委托人。经理人作为企业控制代理者同时作为经营权委托者，代替董事会管理公司。同时，经理人作为企业经营权代理人，对企业进行实际控制。在这种双层委托代理关系下，股东大会控制董事会，因为董事会是由股东大会选举产生的，并由大股东担任代表，出现问题的可能性相对较小。但在第二层委托代理关系中，由于职业经理人更多地追求自身利益，例如高薪水、高消费和充足的休闲时间，有时会以牺牲公司利益为代价，这样就损害了股东大会的利益，使得委托人与代理人之间很容易发生冲突。为解决这些问题，一系列的制度与安排也随之产生，对经理人的股权或期权激励就是这样流传开来的。

但上述双层委托关系存在的前提是经理人完全掌握了经营权，同时拥有企业经营所必需的所有信息。但这种假设并不能完全成立，因为现今企业规模越来越大，管理权往往分散在一批人组成的团队中。另外，随着企业内部分工不断深化，上下级信息不对称的现象越来越明显，员工手中掌握着越来越多的企业信息，员工对这些信息处理的效率很大程度上影响着企业的效益。多层次的委托代理理论在这种环境中产生。在这种理论下，委托人与代理人之间的关系通过公司章程和制度规定下来，企业能否实现高速有效的运转，关键在于是否能够处理好各个经营层的管理者与员工的关系。因此，给这些管理者和员工公司股份的所有权，让他们参与到公司的剩余财产的分配中有利于企业发展。

（三）人力资本理论

美国经济学家舒尔兹最早提出人力资本理论。他认为人力资本是投入在培养员工上的成本。对生产者进行职业培训、教育等活动的支出都属于人力资本的范围。人力资本在当前的企业发展中发挥着越来越重要的作用，要想使人力资本的产权在经济上得以实现，就必须分享企业的剩余索取权和企业的控制权。由于人力资本并不能像非人力资本一样按照固定的收益率进行获取，人力资本一般都具有不可测性，它依据不同人的不同资历、教育水平、智力等因素而改变，且企业中的人力资本一般具有团队性，一个人在一个团队中有一定的价值，若脱离这个团队其价值可能大大降低。同时，人力资本并不包含在公司资本中，由于人力资本具有质押性质，若公司亏损或破产时，人力资本为公司提供的财产也不能分割或转移，这样就导致公司人力资本遭受损失。最后，人力资本服务企业是具有长期性的，某位管理者或员工会长期为公司服务并创造利益。因此，人力资本股权化是人力资本所有者实现产权的需求，通过对管理层与员工赋予股票进行激励，才能使人力资本为公司创造出更多的利益，才能有助于公司发展。

二、苏宁易购公司的案例

（一）苏宁易购简介

1990年，苏宁易购成立。苏宁易购的前身为苏宁电器，2004年在深交所挂牌上市，股票代码为002024，是国内首家上市的家电零售企业。2018年1月，公司名称变更为：苏宁易购集团股份有限公司，书中简称苏宁易购。公司将证券名称变更为“苏宁易购”，股票代码依旧为002024。

苏宁易购经历了空调专营、家电零售、线下融合互联网销售三个阶段，每个阶段苏宁易购都可以称为行业中的龙头企业。1990年，苏宁易购通过专营空调，使公司得到消费者的认可，树立起品牌形象，完成了原始资本的积累。2000年起，因为外部环境的变化，仅仅靠空调专营不能为企业创造充足利润，苏宁易购进入家电零售阶段，将经营重心放在综合家电零售连锁上。在这个阶段，苏宁易购在全国主要城市设立连锁店，提高市场占有率，抢占了家电零售行业的市场。2010年起，受到电子商务的冲击，为使公司可以长远发展，苏宁易购开始推出“线上+线下”相结合的互联网销售模式，这使其成为中国领先的O2O智慧零售商。2019年，苏宁易购完成零售布局，现已覆盖传统家电、3C电器、日用百货等品类，其营业收入达到2 703.15亿元，实现归属于母公司净利润110.16亿元，在行业中处于领先地位。

在互联网零售时代，苏宁持续推进智慧零售、场景互联战略，并通过开放供应云、用户云、物流云、金融云、营销云，实现从线上到线下，从城市到县镇，从购物中心到社区，为消费者提供无处不在的1小时场景生活圈解决方案，全方位覆盖消费者的生活所需。2019年，苏宁易购再次位列《财富》全球500强，并且在2019年“中国500最具价值品牌”中，稳居零售业第一位。

自《关于公司实施员工持股计划试点的指导意见》推出后，苏宁易购便开始实施第一次员工持股计划并取得成功。尔后，2015年和2018年苏宁易购又推出两期新的员工持股计划。

（二）苏宁易购员工持股计划方案分析

苏宁易购员工持股计划的动因：为公司战略提供支持、留住优秀人才、缓解企业资金压力、提高公司业绩和提升股价。基于这些动因，苏宁易购分别于2014年、2015年和2018年推出三次员工持股计划。

本部分对苏宁易购三次员工持股计划方案中的参与对象、资金来源及规模、股票来源及购买股票均价、存续期及锁定期规则和管理方式进行介绍并分析。

1. 参与对象

表4.5　苏宁易购三次员工持股计划参与对象

年份	参与对象
2014	高管及公司正经理级别以上的部门负责人、店长、技术员工（不超过1 200人）
2015	高管；负责运营、物流、供应链经营的中层管理；技术开发人员（无人数限制）
2018	高管；零售、物流、金融管理人员及业务骨干；对业绩有影响的员工（不超过1 600人）

注：信息来源为苏宁易购公开公告。

2014年苏宁易购正处在由传统家电零售业向“线上+线下”模式的战略转型初期，第一次员工持股计划旨在为公司战略转型提供支持。在公司战略转型的初期，需要积累互联网运营经验，发展公司物流，因此，在此次员工持股计划中，激励对象包括了高管和电子商务销售中所涉及的运营管理、物流、服务等方面的中层管理人才。

2015年推出第二次员工持股计划时，公司仍旧处在战略转型初期。根据战略发展的需求，苏宁易购发展线上销售业务需要大量技术开发人才对公司线上销售平台进行运行和维护。因此，第二次员工持股计划方案中，苏宁易购将参与范围扩大到技术开发人员和职能管理人员。

2018年，苏宁易购推出第三次员工持股计划，此时公司已基本完成“线上+线下”模式的战略转型，在家电零售业中，苏宁易购已占有领先地位。此时公司为留住已有人才、筹集更多资金促进发展，推出第三次员工持股计划。此次员工持股计划方案中将参与人员范围再次放宽。金融业务中的高层和业务骨干均可以加入此次员工持股计划，同时允许对业绩和公司将来发展有直接影响的员工参加员工持股计划，这项规定使得参与人员的判断标准变得灵活，使得公司更多员工可以加入员工持股计划中。

2．资金来源及规模

表4.6　苏宁易购三次员工持股计划资金来源与资金规模

年份	资金来源与资金规模
2014年	员工自行筹集资金；大股东质押股票融资（不超过55亿元）
2015年	员工自行筹集资金；公司提供借款（不超过10亿元）
2018年	员工薪酬和员工自行筹集资金（不超过5亿元）

注：信息来源为苏宁易购公开公告。

2014年第一次员工持股计划的资金主要来自员工自筹和第一大股东张近东以自有股票质押融资，其中借款与自筹的资金比例为1∶3。这种方式在一定程度上减轻了员工出资的压力，但大股东与员工出资的资金杠杆较高，在股票暴跌时，员工要面临的资金风险远高于大股东。

2015年第二次员工持股计划的资金也是由员工自筹和公司股东

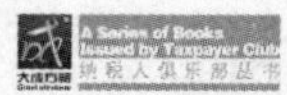

借款两部分构成。由公司股东提供借款使得员工的出资压力减小，同时公司股东直接提供借款也是将其利益和普通员工的利益捆绑在一起，相较于第一次员工持股计划，此次员工出资所面临的风险有所降低。

2018年第三次员工持股计划的资金完全由员工自行出资，此次员工持股计划的资金压力全部转移到员工身上，且无大股东分担压力。这种出资方式可能会使得员工面临较大的财务风险。

3. 股票来源及购买股票均价

表4.7　苏宁易购三次员工持股计划股票来源及购买股票均价

年份	股票来源及购买股票均价
2014年	二级市场购买（8.63元/股）
2015年	认购公司非公开发行的股票（15.17元/股）
2018年	集中竞价方式回购二级市场的公共股（6.84元/股）

注：信息来源为苏宁易购公开公告。

2014年推出第一次员工持股计划时，公司在战略转型初期，公司经营业绩有所下降，当时公司股价较低。此次员工持股计划方案中将股票来源规定为以自二级市场购买方式取得股票。采取这种方式可以在较短时间内完成股票购买，向投资者传递积极信号，使得股价在短期内得到提升。

2015年推出第二次员工持股计划时，公司仍旧处于战略转型阶段，资金缺口较大。因此，此次员工持股计划方案中规定采取非公开发行方式获取股票。通过这种方式可以较快的速度获得资金，缓解公司的资金压力。

2018年第三次员工持股计划规定股票获得方式为以集中竞价交易的方式从二级市场回购社会公众股。这种股票取得方式反映了公司良好的发展势头，体现了对公司未来发展的信心，同时有助于公司建立长效的激励机制。

4. 存续期及锁定期间

表4.8 苏宁易购三次员工持股计划存续期及锁定期间

年份	存续期及锁定期间
2014年	存续期为30个月，其中前12个月为锁定期
2015年	存续期为48个月，其中前36个月为锁定期
2018年	存续期为48个月，其中前12个月为锁定期

注：信息来源为苏宁易购公开公告。

2014年第一次员工持股计划方案初始将存续期设置为30个月。2017年在第一次员工持股计划到期前，基于对公司发展的信心，苏宁易购将员工持股计划展期至2018年3月21日。2018年因互联网销售转型显现成效，收入规模和经营效益稳步提升，苏宁易购决定对2014年持股计划再次展期，存续期至2019年3月21日。2019年1月14日，苏宁控股集团计划通过大宗交易方式受让苏宁易购集团股份有限公司2014年员工持股计划持有的全部公司股份，苏宁易购第一次员工持股计划取得成功。

2015年第二次员工持股计划将存续期间设置为48个月，相较于第一次员工持股计划的存续期间有所延长。同时，此次员工持股计划锁定期间为36个月，较第一次员工持股计划显著延长。延长锁定期间在一定程度上避免了员工仅想通过员工持股计划短期获利而忽视公司长远发展的短视行为。截至2019年6月6日，第二次员工持股计划锁定期满，在锁定期内也没有出现持股人将股份用于抵押、质押、担保等情形。在2020年6月7日存续期届满前，持股人可择机出售股票或待存续期满后展期或终止该次员工持股计划。截至本书写作时，持有人会议未做出出售股票的决定。

2018年第三次员工持股计划存续期为48个月，锁定期为12个月。此次方案的亮眼之处在于设置了业绩考核指标，只有锁定期内，公司营业收入较上年增长30%以上时，存续期满后持股员工才可以按比例出售自己持有的股票。截至本书写作时，该业绩指标已完成。可以看出，设置具体的业绩指标更有助于提高公司业绩。

5. 管理模式

表4.9　苏宁易购三次员工持股计划管理模式

年份	管理模式
2014年	安信证券代为管理，设置管理委员会为监督机构
2015年	安信证券代为管理，设置管理委员会为监督机构
2018年	公司自行管理

注：信息来源为苏宁易购公开公告。

2014年第一次员工持股计划和2015年第二次员工持股计划都由安信证券统一管理股票，由员工持股计划管理委员会进行监督，这样可以保证资金得到有效管理，同时在一定程度上避免内部利益输送。

2018年第三次员工持股计划的管理模式为自行管理。通过前两期公司实施员工持股计划积累的经验，苏宁易购开始自行管理员工持股计划中所涉及的股票。采用这种方式可以使股票管理更能结合公司实际，满足股票持有人的要求。但同时也存在一定的利益风险。

（三）苏宁易购员工持股计划实施效果分析

上文提到苏宁易购基于为公司战略提供支持、留住优秀人才、缓解企业资金压力、提高公司业绩、提升股价五种原因推出员工持股计划。本部分将从以上几方面动因是否实现入手，分析苏宁易购员工持股计划的实施效果。通过分析员工持股计划的实施效果，进而验证员工持股计划的方案设计是否合理。

1. 为战略转型提供支持

苏宁易购于2010年开始进行战略转型，将经营重点从线下经营转换为“线上+线下”的O2O模式，并推出苏宁易购线上平台。互联网零售对技术优势的要求较高，公司若想在互联网新零售中取得成绩，就必须提高创新能力和研发能力，创造出公司特有的技术优势。技术创新与研发需要的资金与时间都相对较多，并不是所有员工都愿意进行尝试。员工持股计划是公司治理方式的一种，通过授予员工股权使得员工将自身利益与公司利益捆绑在一起，促使员工愿意尝试技术创新，这样也有利于公司向互联网零售业进军。

本部分通过分析苏宁易购研发投入的情况，验证员工持股计划是否提高了企业创新能力，能否为战略转型提供支持。苏宁易购研发人员与研发投入情况如表4.10所示。

表4.10　苏宁易购研发投入情况

研发投入＼年度	2011	2012	2013	2014	2015	2016	2017	2018
研发人员数量（人）	979	1 751	2 662	3 000	4 589	3 754	5 438	8 297
研发人员占比（%）	2.46	2.98	4.27	5.36	6.98	6.22	7.51	6.36
研发投入金额（亿元）	0.88	1.15	1.66	0.73	10.07	12.58	18.19	28.99
研发投入金额占营业收入比例（%）	0.09	0.12	0.16	0.07	0.74	0.85	0.97	1.18

注：信息来源为国泰安数据库。

由上表可以看出，在实施员工持股计划之前，2001年至2018年研发投入金额占营业收入的比例变化幅度不大；但在实施员工持股计划之后研发投入金额占营业收入的比较大幅增加，由2014年的0.07%增长到2015年的0.74%，2018年已达到1.18%。2014年之前，研发支出主要用于搭建线上平台，优化产业链。2014年之后，随着战略转型的前期准备已经做完，研发投入主要用于线上家电零售业的运营与创新，公司也进一步提高了研发投入的金额。

2015年第二次员工持股计划和2018年第三次员工持股计划都将运营人才与技术开发人才纳入可参加员工持股的人员范围内，这促使公司研发人员数量攀升，研发人员占比也不断增加。可以看出，将研发人员列入员工持股计划实施对象中，在一定程度上提高了企业员工的研发热情，提高了企业的创新能力，为公司实施战略转型提供了技术支持。

综上所述，苏宁易购员工持股计划方案设计合理，提高了企业创新能力，为公司实施战略转型提供了支持。

2. 留住优秀人才

苏宁易购在2010年开始战略转型，将企业经营模式改为“线上＋线下”共同经营。作为电子商务领域的新人，苏宁易购需要拥有大量掌握互联网新知识的年轻优秀人才。在2010年股权激励实施后，员工离职率却仍旧高达21%，远远超过行业平均离职率。在此情况下，降低员工离职率，留住优秀员工就成了企业的重中之重。2014年推出员工持股计划，让公司高管及销售、物流、运营人才持有公司股票，这使得公司的核心人才都参与到公司发展中，同时也调动了核心员工的工作积极性，降低了员工离职率。

通过对员工数量和持股员工离职率的变化情况的观察，可以看出，实施员工持股计划是否有利于降低企业的离职率。

表4.11　苏宁易购员工人数情况

员工人数情况 \ 年度	2010	2011	2012	2013	2014	2015	2016	2017	2018
员工人数	6 398	7 751	8 364	12 450	13 391	24 951	23 102	29 814	39 031
员工人数增长率（%）	21.25	21.14	7.91	48.85	7.56	86.33	−7.41	29.05	30.91

注：信息来源为国泰安数据库。

从表4.11可知，苏宁易购员工数量基本逐年上升，特别是在

2014年实施员工持股计划后，2015年员工人数增长率明显增大。这是因为在公司实施战略转型时期，对人才的需求量更大，同时员工持股计划也传递出苏宁易购珍惜人才、激励人才的决心。这使得越来越多的求职者愿意加入苏宁易购，员工人数不断上升。

表4.12　苏宁易购员工持股计划持股员工离职情况

	2010年股权激励	2014年第一次员工持股计划	2015年第二次员工持股计划
失效股份（万份）	1 822	2 169	1 700
失效股权占比（%）	21.51	35.52	25.79
持股员工离职数（人）	53	195	78
持股员工离职率（%）	21.37	16.53	2.6
本科以上学历员工占比	31.79%	55.74%	60.55%

注：信息来源为Wind数据库。

表4.12反映了苏宁易购在实施股权激励和两次员工持股计划后，持股员工的离职情况。根据企业离职率的概念，一般情况下离职率不超过5%，竞争激烈的行业一般不超过10%。家电零售业员工离职率一般在10%左右为其理想状态。2010年实施股权激励后，苏宁易购持股员工的离职率为21.37%，远高于10%，此时员工离职率较高。在2014年实施员工持股计划后，员工离职率虽然仍大于10%，但已经明显下降。2015年公司推出第二次员工持股计划后，员工离职率降至2.6%，远低于家电零售业员工离职率。同时，在2010年苏宁易购本科学历以上员工占总员工数的比例为31.79%，2014年本科学历以上的职工占比猛增至55.74%。由此可以看出，实施员工持股计划为公司吸引了更多高质量人才。

综上所述，苏宁易购员工持股计划方案中参与对象范围设置合理，为公司吸引了更多优秀人才，同时降低了参与员工持股计划员工的离职率，为公司发展奠定了人力基础。

3. 缓解资金压力

苏宁易购2011年至2018年的资产和负债的变化情况，如表4.13所示。

表4.13　苏宁易购2011—2018年资产和负债的变化情况

年度 资产 负债情况	2011	2012	2013	2014	2015	2016	2017	2018
资产增长率（%）	36.17	27.39	8	-0.07	7.16	55.74	14.66	26.83
负债增长率（%）	46.66	28.01	13.81	-1.67	6.63	19.76	9.52	51.06

从表4.13可以看出，苏宁易购在2013年之前，资产增长率和负债增长率都大于20%，公司经营较为稳定。但后两年的资产和负债的增长率明显下降。2013年、2014年属于苏宁易购战略转型的关键时期，公司面临着严峻的资金压力，又因为苏宁易购短期内短期负债增加，很难从外界获得新的资金。因此，苏宁易购于2014年和2015年先后推出员工持股计划来筹集资金。

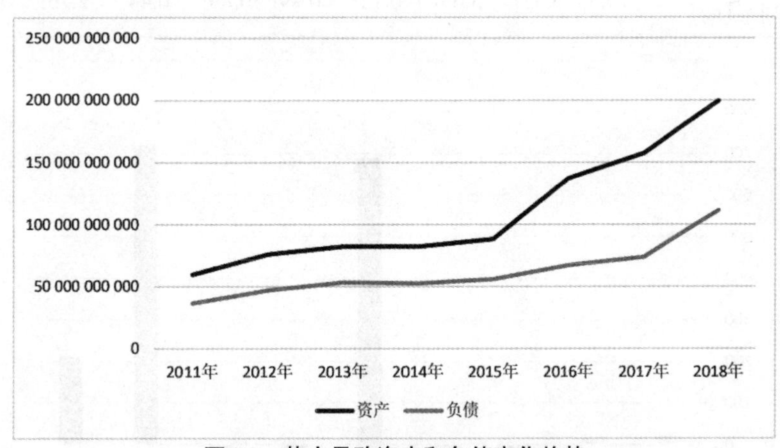

图4.6　苏宁易购资产和负债变化趋势

通过图4.6可知，自2014年公司实施员工持股计划开始，公司的资产迅速增加。第一次和第二次员工持股计划通过员工购买本公司股票的方式共筹集到15.5亿元现金，公司所有者权益和资产增加。因此，可以看出员工持股计划方案中资金来源方式选择合理，使公司在短期内筹集到了资金，公司资产增加，缓解了资金压力，有助于苏宁易购顺利实现战略转型。

4. 提高公司业绩

2010年起，苏宁易购开始战略转型，开始发展线上业务，但在此之后，公司经营业绩并未能一路飙升。提高公司业绩也是苏宁易购推出员工持股计划的原因之一。本部分选取苏宁易购的几项财务指标来反映公司业绩情况，验证实施员工持股计划是否提高了公司业绩。

表4.14 苏宁易购2010—2018年资产增值情况

资产增值情况＼年度	2010	2011	2012	2013	2014	2015	2016	2017	2018
净利润增长率（%）	30.54	19.01	–48.72	–60.72	690.04	–8.05	–34.91	721.02	212.02
总资产周转率	1.89	1.81	1.45	1.33	1.32	1.59	1.32	1.28	1.37
总资产净利率(%)	10.3	9.42	3.69	0.12	0.99	0.89	0.44	2.75	7.09

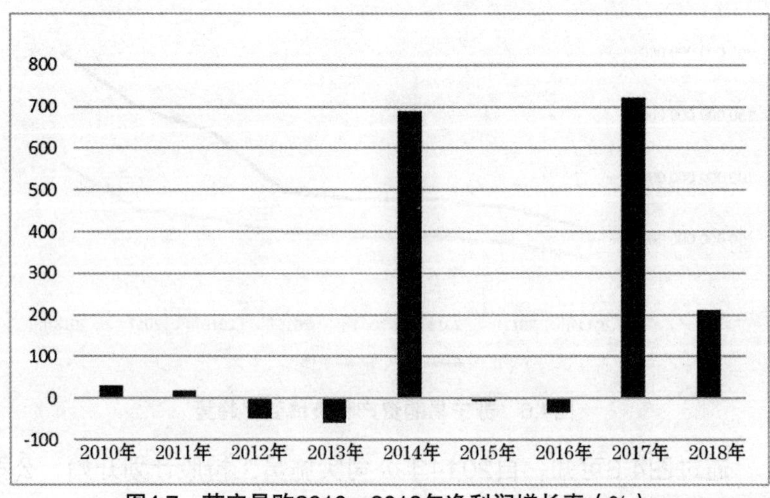

图4.7 苏宁易购2010—2018年净利润增长率（%）

苏宁易购净利润增长率的变化较为明显。2010年至2013年，由于内外因素的双重影响，净利润增长率出现大幅度下滑，甚至出现负增长。2014年，随着员工持股计划的推出，企业战略转型顺利完成，企业净利润增长率快速上升。而在2015年，因小家电的政策红利消失，企业净利润受到严重影响。

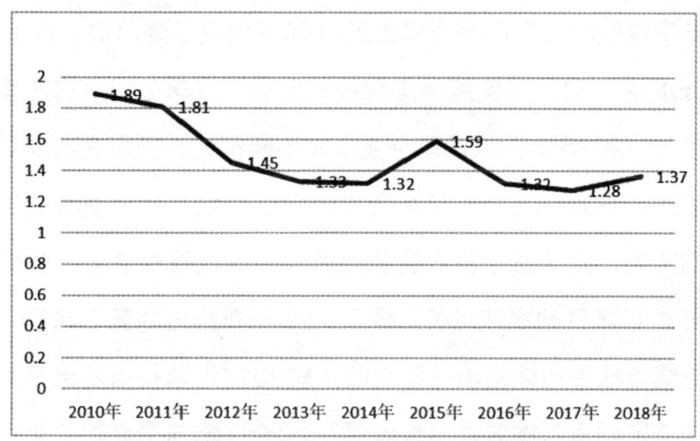

图4.8　苏宁易购2010—2018年总资产周转率

2014年苏宁易购实施员工持股计划后，总资产周转率仅仅下降0.01，下降速度远小于之前。2015年总资产周转率上升，说明实施员工持股计划在一定程度上使得公司总资产周转率升高。在2018年苏宁易购推出第三次员工持股计划后，总资产周转率又出现小幅度上升。

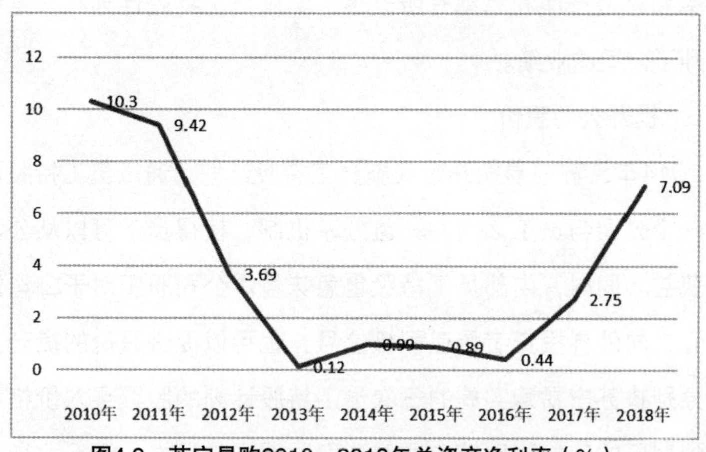

图4.9　苏宁易购2010—2018年总资产净利率（%）

由于2010年我国经济整体发展速度变慢，家电零售业的行业形势出现较大变化，国家对于家电零售业的政策红利消失，行业整体不景气。同时，苏宁易购处在由传统线下零售转入“线上+线下”结合销售的战略转型时期，线上产品与同类产品相比优势不明显，行业整体气氛也导致线下收入减少。在行业与公司自身的共同作用下，苏宁易购的总资产净利率自2010年开始呈下降趋势，2013年跌至最低水平。2014年实施员工持股计划后，当年公司总资产净利率有所提升。2015年至2016年企业规模不断扩大，但所有者权益未能与之适应，导致公司盈利指标再次出现小幅度下降。随着员工持股计划的实施，更多资金投入到公司后与企业规模相适应，公司盈利能力自2017年开始高速增长。同时，2018年推出的第三次员工持股计划业绩考核中明确指出“营业收入较2017年增长幅度大于30%才可以在锁定期满后按要求出售股票”。2017年苏宁易购营业收入增长率为30.35%，满足业绩考核标准，说明实施员工持股计划提高了公司的盈利能力。

综上所述，通过与行业竞争者比较和对企业自身的财务数据变化的分析，苏宁易购实施员工持股计划后，净利润增长率、总资产周转率和总资产净利率都有所改善，实施员工持股计划在一定程度上提升了公司的业绩。

5. 提升公司股价

2014年，苏宁易购开始实施员工持股计划，通过员工持股计划建立一个公司与员工之间的利益分享机制，使得员工可以从公司发展中获益。同时，内部员工持股也意味着本公司职工对于公司发展的信心，向外界投资者传递积极信号，也可以促进股价的提升。本部分分别将苏宁易购实施的三次员工持股计划的股票买入价格和锁定期到期日的价格作比较，同时选取同期中信证券一级行业指数中家电零售行业数据作为参考，进而研究实施员工持股计划对于股价的影响。

表4.15　苏宁易购三次员工持股计划股价情况

员工持股计划次数	时间	股价（元/股）	收益率	当日行业平均股价（元/股）	行业收益率
第一次员工持股计划股价情况	2014年10月9日	8.63	–	8.98	–
	2015年10月9日	13.05	51.22%	10.07	12.14%
第二次员工持股计划股价情况	2016年6月7日	15.17	–	12.45	12.14%
	2019年6月7日	10.58	–30.26%	11.22	–9.88%
第三次员工持股计划股价情况	2018年6月28日	6.84	–	16.3	–
	2019年6月28日	11.48	67.84%	11.77	–27.29%

2014年10月9日苏宁易购以8.63元/股的价格从二级市场完成对第一次员工持股计划股票的购买，锁定期为一年。2015年10月9日，锁定期满股价升至13.05元/股，此时相较于购买股票时收益率达到51.22%，同期按行业平均股价计算，行业收益率仅为12.14%。苏宁易购在锁定期结束时的股票收益率高于家电零售行业的平均收益率，这意味着苏宁易购第一次员工持股计划取得成功。2016年6月7日，苏宁易购以认购非公开发行股票的方式以15.17元/股的价格完成了股票购买，锁定期为三年。2019年，整体股价偏低。2019年6月7日，第二次员工持股计划锁定期满，当日股票收盘价为10.58元/股，此次员工持股计划未能促进股价上升。2018年6月28日，苏宁易购以集中竞价交易的方式从二级市场回购社会公众股，以6.84元/股的价格完成了股票购买，锁定期为一年。2019年6月28日，苏宁易购第三次员工持股计划锁定期满，当日股票收盘价为11.48元/股，收益率为67.84%，而同期家电零售

行业的股票收益率为负数（-27.29%）。

综上所述，苏宁易购第一次员工持股计划的实施提升了股价，从结果上看，也对员工起到了激励效果。第二次员工持股计划时期，因锁定期到期时整个股市正处于低迷状态，故员工持股计划未达到理想效果。在实施第三次员工持股计划后，也很大程度上刺激了股价的上升，使得苏宁易购员工持股计划中的股票收益率远高于行业平均水平。以上说明员工持股计划方案中股票来源方式选择合理，实现了提升公司股价的目标。

三、*ST康得员工持股计划实施失败案例介绍

（一）*ST康得基本情况

*ST康得（全称“康得新复合材料集团股份有限公司”，简称“康得新”）成立于2001年8月，是一家高分子行业的龙头企业。作为一家材料高科技企业，公司致力于“打造先进高分子材料平台”。面对新的发展机遇，康得新已构建起（光电材料和预涂材料为核心的）新材料、（3D、SR、大屏触控为核心的）智能显示、碳纤维三大核心主营业务，聚焦消费、交通、新兴行业、新能源、医疗、智慧城市&智慧生活六大核心市场，打造围绕新材料系统解决方案提供商和服务商的平台体系。

自2010年上市以来，公司发展迅猛，随着经营范围的扩大，公司规模也相应得到了极大的提升，并于2012年超过印度COSMOS公司成为全球第一大涂膜生产商。2011—2014年四年间康得新营业收入从15.26亿元到52.08亿元，涨幅高达241.28%。2017年康得新营业收入已达117.89亿元，由于此前公司经营业绩的稳步提升，加之高分子行业的广阔前景，资本市场尤其看好康得新的未来发展前景，被誉为“千亿白马股”。此

外，公司积极投入研发，目前已突破多项前沿技术难关，具有极强的创新能力。

（二）*ST康得员工持股计划方案分析

*ST康得新实施员工持股有以下三个目的：第一，建立和完善劳动者与所有者的利益共享机制，实现公司、股东和员工利益的一致性，促进各方共同关注公司的长远发展，从而持续为股东带来更加高效的回报；第二，立足于当前公司业务发展转型的关键时期，进一步完善公司治理结构，健全公司长期、有效的激励约束机制，确保公司长期、稳定发展；第三，深化公司的激励体系，倡导公司与员工共同持续发展，充分调动员工的积极性和创造性，吸引和保留优秀管理人才和业务骨干，提高公司员工的凝聚力和公司竞争力。

1. 参与对象

本计划的持有人应符合下列标准之一：

（1）康得新下属子公司董事、监事、高级管理人员。

（2）康得新及下属子公司的核心及骨干员工。

（3）公司普通员工，指在公司及下属子公司任职，并与公司或下属子公司签订劳动合同且领取报酬的员工。

2. 资金来源

（1）本计划拟筹集资金总额上限为40 000万元，资金来源为公司员工的合法薪酬和通过法律、行政法规允许的其他方式取得的自筹资金，公司对员工不提供任何财务资助。

（2）本计划分为40 000万份额，每份额为1元。单个员工根据所签署的员工持股计划认购协议确定认购份额。

（3）认购人应在本计划设立后，且在资金缴款通知中的日期内足额缴纳认购资金。未按缴款时间足额缴款的，自动丧失认购本

计划的权利。

3. 股票来源

本计划（草案）获得股东大会批准后，将委托具备资产管理资质的专业机构进行管理，并全额认购该集合资金信托计划的一般级份额，该集合资金信托计划将在股东大会审议通过员工持股计划后6个月内，通过二级市场购买（包括大宗交易以及竞价交易等方式）取得并持有康得新股票。员工持股计划所持有的股票总数累计不超过公司股本总额10%。

员工持股计划持有的股票总数不包括员工在公司首次公开发行股票上市前获得的股份、通过二级市场自行购买的股份及通过股权激励获得的股份。

4. 存续期及锁定期间

（1）本计划的存续期不超过24个月，自公司公告该信托计划直接或间接购买并持有标的股票之日起算。后续经履行本草案规定的程序后董事会可根据市场情况办理本计划的展期。

（2）该信托计划通过二级市场购买等法律法规许可的方式所获标的股票的锁定期为12个月，自公司公告最后一笔标的股票过户至信托计划名下时起算。

5. 管理模式

本计划的最高权力机构为持有人会议；由首次持有人会议选举一名持有人为持有人代表，监督员工持股计划的日常管理，代表持有人行使股东权利；管理机构按照信托合同中约定对本计划进行管理；公司董事会负责审议本计划并在股东大会授权范围内办理本计划的其他相关事宜。

6. 员工持股计划的实施失败

2016年12月，员工持股计划合计以均价19.22元/股买入约

3 077.24万股本公司股票，占公司总股本的比例为0.87%，成交总金额约59 138.03万元，剩余金额留作备付资金。本次员工持股计划所购买的股票锁定期为12个月。

*ST康得委托专门管理机构对其员工持股计划进行杠杆配资并管理，低于警戒线时则需要补仓义务人补充资金作为增信措施，而净值一旦低于止损线则会触发强制平仓，直接导致员工所持份额全部丧失。*ST康得因股价下跌，导致信托计划净值陆续跌破警戒线和止损线，同时补仓义务人无力追加增信资金，进而被强制平仓，这意味着*ST康得员工持股计划实施失败。

2018年11月6日，公司股票复牌后，连续三日跌停，而在11月6日时公司股票收盘价为15.31元/股，较购入股票时的股价19.22元/股下降了20.34%，这直接导致信托计划的净值陆续跌破警戒线与止损线，大股东也因此追加信用增强资金3 230万元，然而，由于股价的持续下跌，大股东也因自身资金匮乏而无力继续履行补仓义务，最终导致本次员工持股计划因被强制平仓而宣告失败。2018年11月7日，由于*ST康得股票价格遭遇跌停，导致信托计划净值也相应下降，使*ST康得2016年员工持股计划提前终止，本次员工持股计划宣告实施失败。

（三）*ST康得员工持股计划实施效果分析

上文提到*ST康得基于实现公司、股东和员工利益的一致性，立足于当前公司业务发展转型的关键时期，进一步完善公司治理结构，深化公司的激励体系，从而实施员工持股计划。本部分将从以上几方面动因是否实现入手，分析*ST康得员工持股计划的实施效果。通过分析员工持股计划的实施效果，进而验证员工持股计划的方案设计是否合理。

1. 员工结构

表4.16 *ST康得2016—2019年员工结构

专业构成				
年度 / 员工类别	2016	2017	2018	2019
生产人员	1 604	1 610	1 918	1 044
销售人员	273	278	318	205
技术人员	1 637	1 648	1 028	374
财务人员	136	137	138	87
行政人员	403	408	315	192
合计	4 053	4 081	3 717	1 902
教育程度				
年度 / 教育程度类别	2016	2017	2018	2019
博士	22	17	15	4
硕士	232	231	199	74
本科	1 133	1 189	1 168	504
大专	971	978	857	446
高中及以下	1 695	1 666	1478	874
合计	4 053	4 081	3 717	1 902

注：资料来源为*ST康得2016—2019年年度报告

人力资源是企业的“活”资源，通过对所获得的人力资源进行整合、调控及开发，并给予他们报偿可以有效地利用人力资源，最终形成企业独特的优势——核心竞争力。

首先，从专业构成来看，生产人员和技术人员数量最多，约占总人数的80%，这说明*ST康得十分重视生产与技术研发。

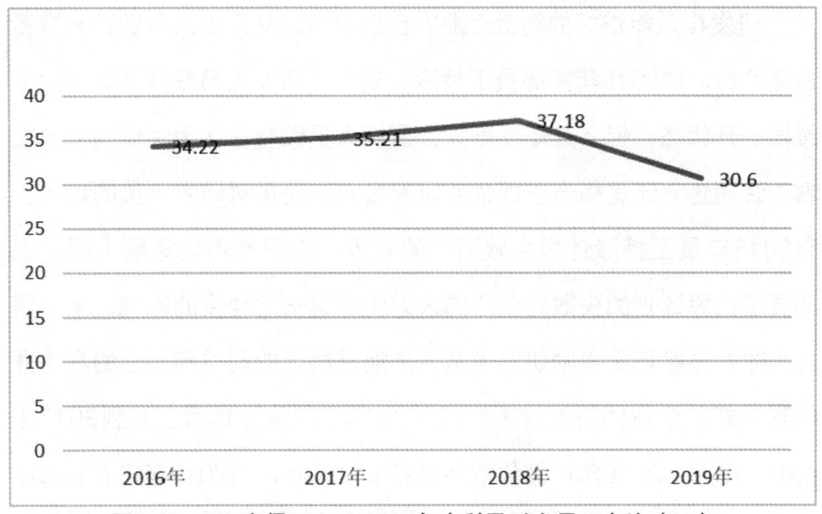

图4.10　*ST康得2016—2019年本科及以上员工占比（%）

其次，从教育程度来看，从2016年实施员工持股计划后，2016—2018年*ST康得本科及本科以上员工占比分别为34.22%、35.21%、37.18%，整体呈上升趋势；2019年下降到30.6%，是因为员工总体人数在减少，而本科及以上学历的员工减少的幅度更大，这与2018年员工持股计划宣布失败有很大的关系。如上图所示，整体上来看，*ST康得公司员工的平均学历水平较高，员工持股计划失败后，*ST康得员工大量流失。*ST康得未来的发展还需要留住优秀人才，引进更多高素质人才来增强人力资本竞争力。

2. 研发投入

表4.17　*ST康得2015—2019年研发投入情况

研发投入 \ 年度	2015年	2016年	2017年	2018年	2019年
研发人员数量（人）	1 540	1 637	1 648	1 028	374
研发人员数量占比（%）	40.15	40.39	40.38	27.66	19.66
研发投入金额（亿元）	4.36	5.37	6.74	6.14	1.99
研发投入金额占营业收入比例(%)	5.77	5.81	5.72	6.71	13.45

研发投入能很好的衡量企业的创新能力，从研发人员数量和数量占比来看，自2016年实施员工持股计划后，研发人员数量及其占比呈缓慢上升状态，但上升幅度不大，研发人员数量占比为企业的40%左右，说明企业还是相当重视企业研发投入，注重对研发人员的投入。自2018年员工持股计划失败后，研发人员数量和占比急剧下降，说明员工持股计划的失败对企业的人力资源有一定程度的影响，未能留住人才，未能真正激励研发人员，未能把员工的利益和企业的利益捆绑到一起。企业的研发投入金额从2016年实施计划后上升到2017年的6.74亿元，2018年计划失败下降到6.14亿元，到2019年仅有1.99亿元。但是从研发投入占营业收入来看，2015—2019年企业的研发投入占比大体上呈上升状态，2019年达到最高点13.45%，说明企业研发投入金额减少也有企业的营业收入减少这方面的原因。

3. *ST康得的财务状况

为了解*ST康得的财务状况，本部分将对其盈利能力与偿债能力进行分析。

（1）*ST康得盈利能力分析。

盈利能力是指企业获取利润的能力，企业的盈利能力越强，说明其经营状况也越好，通过对企业盈利能力分析可以发现企业经营方面存在的问题。

表4.18　*ST康得2015—2019年盈利能力指标

年度 指标	2015年	2016年	2017年	2018年	2019年
总资产净利率（%）	7.65	7.44	7.23	0.83	–22.41
净资产收益率（%）	15.36	12.6	13.74	1.55	–45.88
毛利率（%）	37.34	40.45	39.92	40.02	14.95
净利率（%）	18.83	21.28	21	5.03	–462.05

总资产净利率反映的是企业资产综合利用效果的指标，在员工持股计划实施前后可以看到其基本是稳健的，2018年为0.83%，公司的整体盈利能力不强，这主要是由于*ST康得的财务状况在2018年出现了较大的危机。净资产收益率可衡量公司对股东投入资本的利用效率，反映股东权益的收益水平。*ST康得2015—2017年净资产收益率分别为15.36%、12.6%、13.74%，从2015年的15.36%下降到2016年的12.6%，2016年实施员工持股计划后，2017年有所上升，上升到2017年的13.74%，2018年计划失败下降到1.55%，公司在此时也出现了财务危机。毛利率反映的是产品经过公司生产加工之后增值多少，2015—2018年基本维持在40%左右，说明企业的盈利能力很强，产品经过生产加工后增值很多，2019年毛利率下降到14.95%，经营状况不容乐观，企业在市场的竞争能力不强。净利率也可理解为企业竞争力的一种间接表现，在2015—2017年间企业的净利率分别为18.83%、21.28%、21%，可以说明企业的竞争力在市场还是很强的，在2018年仅5.03%，而到2019年还出现了负数，说明企业的市场竞争力严重不足，经营面临着巨大的财务风险。

（2）*ST康得偿债能力分析。

表4.19　*ST康得2015—2019年偿债能力指标

指标＼年度	2015年	2016年	2017年	2018年	2019年
资产负债率（%）	49.83	40.96	47.38	46.71	56.87
流动比率（%）	1.93	2.2	2.14	1.91	1.96
速动比率（%）	1.86	2.14	2.09	1.86	1.92
现金比率（%）	1.38	1.56	1.58	1.34	1.49

通过分析上表可知：从资产负债率来看，2015—2019年间有升

有降，2015—2018年间都不超过50%，到2019年为56.87%，资产负债率在40%～60%之间比较好，所以企业的资产负债率还比较合理。*ST康得在2015年至2019年间，流动比率由1.93增加至2.2再下降至1.96，速动比率由1.86增加至2.14再下降至1.92，现金比率由1.38增加至1.58再下降至1.49，说明在此期间*ST康得的短期偿债能力先是得到了提升后又有所下降。从偿债能力方面来看，在2017年之前，*ST康得的偿债能力较为稳健，但自2018年出现了较大幅度的下滑，这主要是由于*ST康得自身经营不善，出现了较为严重的财务危机。

（四）*ST康得员工持股计划实施失败的后果

*ST康得员工持股计划实施失败所造成的后果较为严重，主要集中于下面两个方面。

1. 对员工持股计划持有人的经济后果

*ST康得实施员工持股计划的初衷是为员工谋取经济利益，实现公司、股东和员工利益的一致性。然而，*ST康得实施此计划不仅没能留住优秀员工，没能为员工谋取经济利益，反而造成持股员工的经济损失。

*ST康得2016年员工持股计划共有500名员工参股，通过自由资金及薪酬来筹集资金大约20 000万元，人均投入约有40万元。此外，还利用杠杆撬动了约40 000万元的信托资金。因此，员工持股计划的总成交总额达到60 000万元。但是，本次员工持股计划的结果却不如人意，2018年11月*ST康得股价的大幅下跌，在11月6日时公司股票收盘价为15.31元/股，较购入股票时的均价19.22元/股下降了20.34%，同时补仓义务人无力履行补仓义务，导致其员工持股计划被强制平仓，员工所持份额全部丧失，造成*ST康得持股员工人均经济损失约高达40万元。因此，*ST康得员工持股计划

严重地损害了持股员工的经济利益，给持股员工造成了不可挽回的损失。

2. 对*ST康得股票价格的影响

*ST康得员工持股计划的实施失败不仅直接损害了员工的经济利益，也给公司带来了经济损失，损害了公司声誉。

（1）给公司带来了经济损失。对公司经济利益的影响主要表现在股票价格涨跌上，自2018年11月7日员工持股计划宣告失败之后，公司的经营和发展状况也不容乐观，*ST康得一直饱受外界质疑，大多股民不对*ST康得抱有幻想，不再看好*ST康得股票，其股票已不再为大众所追捧，进而导致股价持续下跌，在2019年6月18日跌至最低价2.47元/股，此后*ST康得股票被迫停牌，至今仍未复牌。

（2）损害了公司的声誉。*ST康得自2010年上市以来，其发展一直很好，其股票一度被外界誉为“白马股”。然而，自2018年员工持股计划实施失败之后，股价大幅下跌，最后被迫停牌，员工持股计划的失败对股票价格的下降有着很大的影响。甚至有人认为实施本次员工持股计划表面上是为激励员工，实际上却是企业在暗藏经营危机的时期借此来筹集资金，提升其股价。此次员工持股计划的失败不仅使企业的内部员工丧失了对企业的努力动力，也使企业外部人员丧失了对企业未来发展的信心。*ST康得如今的公司声誉已大不如前，面临着破产的风险。

（五）对比分析

员工持股计划是目前我国企业最常用的激励方式之一，通过将员工与公司利益捆绑在一起，提高员工积极性，使公司得到更好更长远的发展。

1. 合理设计员工持股方案

对不同的公司，员工持股计划方案设计是否符合本公司情况，在一定程度上可以影响员工持股计划的实施效果。从苏宁易购的员工持股计划实施成功案例的分析可以看出，员工持股计划能否顺利实施并达到设计之初的预期，最重要的就是找到员工持股计划的战略定位。苏宁易购实施的三次员工持股计划，实施的每个时期都有战略定位，比如2014年的第一次是公司战略转型初期。但是，对比*ST康得实施的时期，并没有明确的战略定位，当时其经营状况开始呈现下滑趋势，实施员工持股计划是为了提升其股价，筹集资金。

2. 选择合适的时机再推出员工持股计划

员工持股计划的实施时机原理上与金融资产的买入时机相似，在合适的时机买入能够带来收益，相反在不恰当的时机买入金融资产，将面临亏损的风险。同理，在合适的时机推出员工持股计划能够使企业的发展更上一层楼，若是在不恰当的时机实施员工持股计划不仅会损害员工的利益，还会给公司造成很大的损失。以下主要从股票认购时机，企业经营发展方面来说。

股票认购时机。在股票购入的三天间，*ST康得股价最低为18.48元/股，最高为19.13元/股，*ST康得本次员工持股计划的股票购买是一次性以19.22元/股买入所有股票，高于三天间的任一实时价格。如此看来，*ST康得为其员工持股计划所购入的股票价格并不算便宜。苏宁易购的认购价格分别为8.63元/股、15.17元/股、6.84元/股，特别是第三次员工持股计划认购价格相当于在公司13.69元/股回购均价基础上打了五折。

2016年*ST康得公司的财务与经营状况虽表面较好，但实际经营状况出现下滑，大股东为了自身利益不惜损害其他相关利益人员的利益，具体表现为长期违规占用公司大额资金，这是造成公司资

金链断裂的根本原因。因此，就公司财务、经营等方面状况而言，*ST康得2016年员工持股计划实施时机的选择并不恰当。苏宁易购实施员工持股计划期间，公司的经营业绩一直在上升，2015年、2016年、2017年苏宁易购营收同比增幅分别为24.44%、9.62%%、26.48%。所以，员工持股计划能否成功，也取决于所选取的时机。

3. 正确认识员工持股，立足长远

单从公司治理和企业发展方面来讲，对企业来说，员工持股是一个有效的催化剂和缓和剂，一边通过股权激励提升员工的工作积极性和主动性，一边可以缓解管理层和股东之间的利益矛盾。然而，世界上没有一剂药只有益处没有害处。如果使用恰当，员工持股计划是一剂良药，帮助企业化解某些问题，例如内部集资和留住人才。但是，如果使用不当，会让企业原本的问题恶化，同时增添新的治理问题。成功的案例，如苏宁易购实施员工持股对提升企业业绩、改善企业资本结构等方面均起到一定的促进作用；失败的案例，如*ST康得，员工持股计划失败，不仅损害了持股员工经济利益，而且损坏了公司声誉和经济利益。正如任正非的观点，让所有的人都去拉车而不是去坐车。如果一个企业拉车的人越来越少，坐车的人越来越多，那么企业也只有坐吃山空的结局了。

第五章

有形资源的战略成本管理

在资源的分类中，有形资源又可分为物质资源与财务资源，其可被较为容易地识别和评估，并在企业的各项会计报表中得以反映。为了更好地实施战略成本管理，需对企业所拥有的物质资源、财务资源进行分析。拥有物质资源的差异、财务资源配置方式的选择会对一个企业的生产成本、收益水平产生影响。本章分别从物质资源、财务资源两个方面阐述有形资源的战略成本分析内涵以及如何利用企业所拥有的有形资源进行成本管理，帮助企业形成核心竞争力。

第一节　有形资源的战略成本分析

一、有形资源的含义及特征

（一）有形资源的含义

有形资源是指能够看得见的并且可以量化的资产。像土地、写字楼、工厂、车间、机器设备，以及正式的（信息）报告系统、技术手段等，均属于有形资源。他们可以被较为容易地识别和评估，

并在企业的各项会计报表中得以反映。

（二）有形资源的特征

（1）完全交易性。相对于无形资源来说，有形资源具有完全交易性，即企业可以通过市场交易而获得，也可以通过市场交易把其售出。

（2）相互竞争性也称排他性。有形资源一旦被某个企业占有或使用，那么其他企业就不可能在同一时间占有或使用该资源。

（3）较弱的累积性。指有形资源一般不需要企业花费太长时间积累，随时都可以通过市场交易而获得。

（4）独立性。指有形资源一般不必与其他资源同时使用来实现其价值，因为它具有较强的独立价值实现能力。

一、有形资源战略评价关注的重点

当对有形资源做战略价值的评估时，需要明确资源的战略价值是由它们对企业的能力、核心竞争力以及竞争优势所作贡献的程度来衡量的。对有形资源的战略评估包括以下两大问题：

（1）有什么机会可以更经济地使用企业的库存和固定资产，即是否可以用更小规模的有形资产去完成相同的任务?成功的企业往往可以通过有形资产重组来达到提高效率的目的。

（2）有没有可能使现有的有形资源在更高利润的地方被利用?通过自己对有形资源的挖掘以及与他人组成联盟，甚至出售一部分有形资产，进而更好利用有形资产的公司可以使资产利润率得以提高。

三、有形资源的分类

有形资源可以分为物质资源和财务资源。

物质资源投入和核心竞争力包括企业的土地、厂房、生产设备、原材料等，是企业的实物资源。

企业物质资源主要分布在生产制造、储运、销售以及事务处理四个方面。从战略角度看，主要物质资源的获得、配置、能力限度、运用、维护及重置等问题，均需依据市场需求与企业战略目标，将资源投入的时间、种类、数量等进行周密的规划与调配，使物质资源为有效实施企业战略提供物质上的支援和保证。

物质资源的主要特性有企业的规模与位置、技术的精密性、获得原材料的可能性，上述这些特性会限制企业的生产可能性，决定生产费用与品质优势。衡量物质资源的核心指标主要有固定资产变现价值、机器设备的寿命、企业的规模以及固定资产用途转换的可能性等。

财务资源是企业可以用来投资或生产的资金，包括应收账款、有价证券等。

资金是企业经营的血液，是获得人力、原料、机器及技术等生产要素必不可少的条件。为了发展经营事业，企业必须设法通过各种途径取得必要的资金，利用资金换取上述各项生产要素，产出社会需要的产品或劳务，将这些产品或劳务在市场上销售，在获得盈利的基础上，使之转换成企业生产经营管理活动得以继续和发展的资金，推动企业的战略成长。

总之，企业必须根据自己经营事业的性质和规模，预估所需资金的数额，参照资金市场行情，对资金来源、筹集、运用及分配等问题进行统筹规划，以配合企业战略上的需要。

第二节　物质资源与核心竞争力

一、物质资源投入与核心竞争力关系分析

对于一个产业或者企业来说，物质资源是其命脉。拥有物质资源的数量与质量的差异，会对企业的竞争优势产生影响。不同类型的企业，物质资源对其重要性也不尽相同；不同种类的物质资源，对企业的重要程度也存在差异。例如：对于房地产企业来说，拥有土地数量决定了可供企业开发的数量；土地位置的优劣决定了房屋建成后售价的多少。对于煤炭、钢铁企业来说，原材料的采购成本决定了其生产制造成本；能否拥有稳定的原材料采购渠道、能否以较低的价格买到质优的材料决定了企业能否形成成本领先战略以获得竞争优势。2020年，在新冠疫情肆虐的环境下，制造口罩所需要的熔喷布、生产口罩的机器设备价格暴涨，在这之前采购了大量原材料与机器设备的厂商相对于其他厂商来说就有了巨大的竞争优势。

二、国际铁矿石定价案例分析

（一）国际铁矿石市场情况

铁矿石作为一种基本的矿产资源，在一个国家的钢铁工业乃至国民经济中都发挥着重要作用，其价格与钢铁工业乃至国民经济和社会发展息息相关。随着经济的快速发展和工业化的深入，我国对铁矿石的需求也在增加。但是，由于我国铁矿石资源品位低，选矿难和具有冶金特性，总体供应支撑能力不足。国内铁矿石供应一直不能满足钢铁行业的生产需求，导致我国铁矿石进口量持续大幅增长。2020年，我国铁矿石进口量达到11.7亿吨，超过2017年的历史最高纪录10.75亿吨。虽然我国进口量在国际铁矿石进口贸易中占有

较大比例，但我国在国际铁矿石市场中仍然缺乏定价权，只能被动接受价格。在2003—2010年期间，铁矿石价格持续上涨给我国造成了高达3 000亿美元的直接经济损失。定价权的缺失不仅与我国在世界贸易组织中所处的地位极不相称，而且直接关系到我国在国际铁矿石市场未来的发展前景。因此，提升铁矿石贸易的国际定价能力对我国经济发展意义重大。

全球铁矿石原矿储量基本集中于澳大利亚、巴西、俄罗斯和中国四个国家。根据Mineral Commodity Summaries（矿产品摘要，2015）估计，全球铁矿石储量大约为1 900亿吨，但铁矿石分布极不均衡，主要集中在少数几个国家。其中仅澳大利亚和巴西拥有的铁矿石储量就超过了全球铁矿石储量的三分之一。

在铁矿石主要生产国中，澳大利亚和巴西的铁矿石品位相对较高，我国的铁矿石品位相对较低，平均品位不足澳大利亚和巴西铁矿石的一半。因此，我国虽然铁矿石产量很高，但依然是世界上最大的铁矿石进口国。并且从运输成本来看，亚洲市场的铁矿石主要来源于澳大利亚和印度的出口，巴西出口的铁矿石主要满足欧洲市场需求。

在国际铁矿石市场中，澳大利亚的铁矿石市场主要由必和必拓和力拓两家公司垄断，巴西的铁矿石市场主要由淡水河谷公司垄断；而铁矿石的需求方则包括中、日、韩、欧洲四大阵营，其中中国阵营由以宝钢为代表的16家钢铁厂组成。

（二）国际铁矿石市场定价机制沿革

1950年以来，国际铁矿石市场定价机制经历了多次变迁，如表5.1所示。定价方式主要有现货交易定价机制、长期合同协议定价机制和指数化定价机制三种方式。

表5.1　国际铁矿石市场定价机制变迁

时间	定价机制
1950年以前	现货交易为主
20世纪60年代早期	日本与澳大利亚之间开始签订短期合同
20世纪60年代后期	逐步发展为长期合同
20世纪70年代	欧美也开始签订长期合同
1980年	年度长期合同协议定价机制形成
2008—2009年	长期合同协议定价体系逐渐崩溃
2010年	三大矿山改为季度定价，长期合同协议定价体系崩溃，指数定价机制随之产生
2011年至今	指数定价、现货定价，定价机制灵活多样

1. 20世纪80年代前的铁矿石贸易

在1950年以前，钢铁的生产规模不大，铁矿石的开采和使用集中在西欧、美国、苏联等国家，由本国开采或控制别国的矿山来提供资源。由于交易规模较小，现货交易即可保证交易双方的需求。现货成交是现货交易的主要标志，交易双方通过实际货物的品质和数量来敲定成交价格。现货市场价格受市场供求关系影响，容易受操控，波动较大。20世纪60年代以来，日本国内钢铁行业的快速发展且其国内资源匮乏使得日本成为澳大利亚铁矿石的主要进口国。为了加强合作，双方开始签订短期合同，并在60年代后期逐渐演变成长期合同，铁矿石的采购量和价格都锁定在10—20年；20世纪70年代以后，欧美借鉴日本经验，大量进口铁矿石并签订长期合同，导致国际市场铁矿石供需日趋紧张。1975年，铁矿石出口国为了捍卫自己的利益，建立了以巴西和澳大利亚为主的铁矿石出口国组织，以加强谈判力量，并将铁矿石贸易的长期合同改为短期合同。

2. 长期合同协议定价机制的确立

“长协价”定价机制始于1981年，其主要内容是：铁矿石供给方和需求方签订长期（通常是10—20年）合同，只确定供给量，并不规定价格。铁矿石交易价格通过年度谈判确定，该谈判通常于每年11月开始，由全球铁矿石主要出口国的供应企业和主要进口国钢铁企业进行谈判。在谈判初期，我国并没有参与到“长协价”定价机制的谈判中，直到2004年，以宝钢为代表的中国钢铁企业开始参与到谈判中。

谈判惯例是消费商中的任意一方与供应商中的任意一方就价格达成一致后，谈判结束，国际铁矿石供需双方均接受此价格为新的年度价格，即首发价格。且铁矿石供应商在与第一家大客户达成价格协议时都会许诺，在与之后的钢厂谈判时不会给更低的价格，钢厂也会许诺，不会接受其他矿山更高的降价幅度。该价格对亚洲市场和欧洲市场价格有所区分，并且年度价格谈判只确定不同种类铁矿石价格，忽略同种类中的铁矿石品质差异。因此，同种类铁矿石只存在唯一涨幅或跌幅。

在“长协价”作用机制形成后，全球大部分铁矿石交易价都遵循该种定价机制。即使存在少量现货交易市场，但由于其体量较小，也无法对铁矿石价格产生较大影响。

3. 长期合同协议定价机制的瓦解

随着铁矿石进口量的增加，我国现货铁矿石市场规模扩大。一方面，由于国内大型钢铁企业对铁矿石的需求很大，因而可以与铁矿石出口国达成“长期协议价”。另一方面，由于中小型钢铁企业不能使用“长协价”进口国际铁矿石，只能在国内市场或现货市场上购买铁矿石。因此，随着中小型钢铁企业数量的增加，现货市场的规模也在扩大，现货价与长协价之间的矛盾逐渐显现。

供给方三大巨头必和必拓、力拓和淡水河谷基本不参加现货市场交易，因此随着现货市场中供给量的增长速度不及需求方的增长

速度，铁矿石现货市场价格持续攀升。现货市场价格持续走高，在2004年超过了“长协价”，并且二者之间的差距越来越大，现货市场价格曾一度达到“长协价”的2倍。我国大型钢铁企业在达成“长协价”之后，又在现货市场上向国内中小型钢铁企业出售其用“长协价”买回的铁矿石，赚取二者的差价。

2008年，必和必拓、力拓和淡水河谷三巨头针对铁矿石现货价超过“长协价”，且二者价差极大的情况做出回应。在新日铁和淡水河谷签订的价格合同中，“长协价”定价机制中不再遵循同类型铁矿石只存在唯一涨跌幅的定价原则，双方约定两种不同品质的同类型铁精粉价格分别上涨71%和65%。力拓和中国宝钢在之后也签订了涨幅不同的价格合同，首发定价原则被打破。2009年，在国际金融危机影响下，全球铁矿石需求锐减，我国钢铁企业希望大幅度降低铁矿石价格。因此，在新日铁和力拓签订价格合同后，因宝钢拒绝接受其价格，价格谈判相持不下，最终宝钢也未能和三巨头中的任意一家公司达成协议，“长协价”机制难以为继。2010年，必和必拓、力拓和淡水河谷宣布从第二季度起实行“季度定价”，“长协价”机制最终解体。

4. 指数化定价机制的形成

“长协价”机制解体后，必和必拓、力拓和淡水河谷将定价机制改成了季度定价模式，同时也发展出了指数定价。所谓指数定价就是钢厂和矿山约定以前三个月指数平均价格确定为下一季度长期合同铁矿石价格，指数由第三方咨询机构公布。2011年，推行不到1年的“季度定价”机制再次发生变化，定价期限被进一步缩短至1个月，产生“月度定价”机制。由于“季度定价”和“月度定价”中的价格决定全部是依据铁矿石价格指数估计的，这一定价机制也被称作“指数定价”。

目前，在国际市场上比较有影响力的铁矿石指数主要有三个：一是普氏能源资讯的普氏指数；二是环球钢讯的TSI指数；三是金属导报的MBIO指数。其中，普氏指数作为世界三大矿业公司季度和现货贸易结算的定价基础，成为决定铁矿石价格的官方指数。

（三）中国参与铁矿石定价谈判的历程

21世纪以来，随着基建行业的快速发展，而国内铁矿石资源有限且品质较低，因此铁矿石进口需求日渐扩大，从2003年起我国已经成为世界第一大铁矿石进口国，我国的铁矿石需求已经影响了整个世界铁矿石的价格以及未来发展。也从这时起，我国钢企决定加入到世界铁矿石价格谈判中去。宝钢作为中国钢铁业的代表参与了2004年铁矿石年度定价谈判，到2010年为止，宝钢已经参加了7年的价格谈判。

2004年谈判：宝钢第一次代表我国参与谈判，谈判的格局是三对三，即供方——澳大利亚必和必拓、力拓和巴西淡水河谷三大供应商，对需方——代表我国钢铁业的宝钢、代表日本钢铁业的新日铁和代表欧洲钢铁业的欧洲钢厂，供需双方交叉配对进行谈判。但当年宝钢并没有进入实质的谈判过程，新日铁主导了2004年铁矿石谈判，率先与澳大利亚的必和必拓公司达成了18.6%涨幅的首发价格。

2005年谈判：宝钢正式参与定价谈判，最终新日铁与淡水河谷达成71.5%涨幅的定价结果，这是谈判历史上涨价幅度最大的一次，宝钢最后跟随其价格。但在这一年宝钢成功地说服必和必拓公司放弃运费差价要求。

2006年谈判：这一年的铁矿石价格谈判异常艰难，历经7个多月，最终巴西淡水河谷与德国蒂森克虏伯敲定19%的涨幅，高于市场预期。宝钢认为此价格没有考虑到我国因素，要求继续谈判，经过一个多月的努力未果，只能接受。

2007年谈判：宝钢和淡水河谷达成首发价格，其中粉矿上涨9.5%，块矿上涨9.5%。当年现货价远超长协价，拥有长协资质的大中型钢企迎来最滋润的一段日子。这是中国历史上首次实现铁矿石的定价决策，之后铁矿石的现货价格一路走高，证明了宝钢这一次及时决策的正确性。

2008年谈判：日本新日铁、韩国浦项和巴西淡水河谷达成首发价格，中国表示跟随，其中粉矿上涨65%，块矿上涨71%。因为力拓对此谈判结果不认可，宝钢在6月24日重新与力拓确定长协价格，其中粉矿上涨79.88%，块矿上涨96.5%，长协价格“无条件跟随”模式随即被打破。淡水河谷对力拓达成更高涨幅的长协价很恼火，长协机制出现裂痕。下半年，席卷全球的金融危机爆发。长协价自2003年以来首次高于现货价，这也使得我国钢企人面积毁约，拒绝执行长协价，转而从现货市场大量进货。这也为日后三大矿山毁约留下了把柄。

2009年谈判：受金融危机影响，全球钢铁企业大面积减产，铁矿石从卖方市场转向买方市场，我国在谈判中首次掌握主动权，提出要降价40%以上，但随后新日铁与力拓达成降价33%的首发价，中方拒绝接受。但金融危机阴影比预期散去得更快，铁矿石现货价逐渐超过长协价。最终我国钢企也按照日本的首发价进口铁矿石。这一年中方与三巨头的铁矿石谈判实际无果，长协价机制溃堤加速。

2010年谈判：2010年，三巨头先后弃长协机制而去，并一致推行与现货市场紧密挂钩的季度定价方式。全球钢企无一例外反对这一新机制，然而经济复苏，钢铁行业大量增产导致铁矿石供不应求，钢企最终被迫接受季度定价，业界普遍认为长协机制至此崩溃。

表5.2　我国参与铁矿石定价谈判历程

年份	谈判结果
2004年	宝钢未参与到实质性谈判过程，由新日铁主导谈判，宝钢被迫接受涨价18.6%的结果
2005年	新日铁与淡水河谷达成71.5%的涨幅，宝钢最终跟随；宝钢说服必和必拓放弃运费差价要求
2006年	宝钢接受淡水河谷与德国蒂森克虏伯敲定19%的涨幅
2007年	宝钢和淡水河谷达成首发价格，其中粉矿上涨9.5%，块矿上涨9.5%
2008年	宝钢与力拓确定长协价格，其中粉矿上涨79.88%，块矿上涨96.5%
2009年	中方与三巨头的铁矿石谈判实际无果
2010年	我国需求降至1.8亿吨，但是进口价上涨近100%，离岸价最终达到128.38美元/吨

（四）我国进口铁矿石价格走势

以近十四年（2007—2020年）我国铁矿石进口年平均到岸价为数据源，分析其价格走势，可见铁矿石价格具有明显的波动，如图5.1所示。

图5.1　我国2007—2020年进口铁矿石年平均到岸价（美元/吨）

从2007年开始，我国经济进入高速发展时期，对铁矿石的需求量大幅增加。由于国内铁矿石供应量不足，因此钢铁企业需要进口大量铁矿石；国际铁矿石海运费飙升，带动铁矿石进口价格大幅攀升，在2008年8月达到154.5美元/吨的历史新高。

在2008年铁矿石价格创历史新高后，全球金融危机对大宗商品的需求造成巨大冲击，钢材价格的大幅下跌导致企业收益急剧下降，世界各大钢铁生产国均出现明显减产，使得铁矿石需求受到明显压制，铁矿石现货价格更是节节下调，同时牵引铁矿石长期合同协议价格有较大幅度下调，在2009年6月回归到68.1美元/吨的低位。

金融危机之后，全球特别是中国等新兴经济体的铁矿石需求量迅速回升，铁矿石价格也随之上升，在2011年9月我国进口铁矿石平均价格上调至175.9美元/吨，重新达到历史高峰。

2011年9月以后，由于欧债危机不断升级，我国经济增速也有所放缓，铁矿石市场出现供过于求的局面，进口铁矿石价格急速下降，2015—2016年，我国进口铁矿石平均价格一直在60美元/吨上下低位徘徊。

2016年以来，我国地产强势周期的重启带动钢材需求，供给侧结构性改革的推进改善了供给结构，钢铁行业的春天再度来临，带动铁矿石价格也迎来明显复苏。在此期间，由于钢厂利润处于非常高的水平，钢铁企业偏向于加速增产。虽然后续打击地条钢后废钢价格大幅下降对铁矿石需求及价格形成一定挤压，但由于2019年初巴西矿难及澳大利亚气候因素的影响，造成铁矿供给大幅缩减，阶段性的错配使得铁矿价格大幅抬升。

回顾2020年，面对新冠肺炎疫情冲击，我国经济率先复苏，钢铁产销两旺。全国粗钢产量升至10.53亿吨，同比增长5.2%，创历史新高。进口铁矿石量增价涨：2020年，进口铁矿石11.7亿吨，同比增长9.5%，平均价格101.7美元/吨，同比增长7.3%。

展望铁矿石价格走势，业界普遍认为，供需基本面并不支持过高的铁矿石价格，回归正常区间是大势所趋。综合多种因素判断，2021年铁矿石价格呈现高位震荡态势的概率较大，铁矿石供需总体平衡，由于海外需求继续复苏，全球铁矿石仍然处于紧平衡状况，价格不大可能出现大幅下降。

（五）铁矿石定价机制对钢铁企业的影响

1. 对企业交易成本的影响

指数定价机制相对于“长协价”定价机制来说会产生较高的交易成本。Williamson（1975）把交易成本区分为搜寻成本（商品信息与交易对象信息的搜集）、信息成本（取得交易对象信息与和交易对象进行信息交换所需的成本）、议价成本（针对契约、价格、品质讨价还价的成本）、决策成本（进行相关决策与签订契约所需的内部成本）、监督交易进行的成本（监督交易对象是否依照契约内容进行交易的成本，例如追踪产品、监督、验货等）、违约成本（违约时所需付出的事后成本）。指数定价机制和“长协价”定价机制在交易成本上做一个比较，如表5.3所示：

表5.3　指数定价机制与“长协价”定价机制的交易成本比较

交易成本分类	“长协价”定价机制		指数定价机制	
	评价	解释	评价	解释
搜寻成本	低	在长协定价机制下，交易双方往往签订长达数年甚至几十年的买卖协议，交易双方相互都非常了解	高	现货交易市场，交易双方都不再是固定的，商品的品种和价格也不再固定，潜在的交易对象越多、地理位置越分散，搜寻成本就越高
信息成本	低	与搜寻成本类似，固定的交易数量、价格和品种，有限的可信赖的信息即可满足	高	由于交易对象的分散，及交易品种质量的差异，需要更多高质量的信息对上述问题进行辨别

续表

交易成本分类	“长协价”定价机制		指数定价机制	
	评价	解释	评价	解释
议价成本	低	一年一次。对于参与年度价格谈判的钢铁企业或者是矿山来说，这是一笔不小的收入，但若分摊到全年的每一笔交易中，就显得微不足道了。并且大多数钢铁厂和矿山无需进行这样的议价，只需根据长协规则接受价格谈判结果即可	高	议价成本不仅取决于每一次讨价还价的成本，更多地取决于交易的频率。指数定价机制带来了市场价格的频繁波动，这一状况使得铁矿石交易更趋于量少而频繁，进一步增加了交易成本
监督成本	低	固定价格、数量和品质的长期协议很容易进行监控，包括铁矿石的发运、品质检验、途耗等问题都有一套成熟的运行规则	高	由于交易对象和交易品种地不固定，最重要的问题就是如何确定所交易铁矿石的品质。铁矿石中某些杂质含量的小幅变化，可能就会对铁矿石的品质造成较大影响。参水、参土或石，以及亏吨等不诚信的问题会大幅度提高监督成本
违约成本	高	一旦违约对交易的双方来说都可能面临着长期合作的终止，以及后续的各种法律问题，因而违约成本是很高的	低	除非交易对象是大型钢铁厂或者是大型矿山，经常在市场上随行就市进行采购和销售的钢铁厂和矿山，并不具有强烈的长期合作意愿，在市场大幅波动的情况下，违约的可能性较高，且违约成本较低

注：资料来源于钱成《铁矿石定价机制研究》。

从表5.3的分析中我们可以看出，指数定价相比较于长协价定价机制来说大幅提高了铁矿石的交易成本，这无论是对钢厂还是对矿山都是一种损害。虽然在指数定价机制下，违约成本有所降低，但这是以信用的损害为代价的，而信用本身即是衡量交易成本和交易风险的一个指标。

2. 对企业管理成本的影响

从“长协价”定价机制到指数定价机制的转变，对钢铁企业和矿山企业的内部管理运营都会产生影响。比较而言，由于钢铁企业既要面对价格波动，又要为了降低原材料的采购成本而需要根据市场情况对供应商进行判断和选择，因此定价方式的转变对钢铁企业的影响更大。不停更换供应商导致的最直接的后果就是铁矿石采购品种的不稳定，也会使企业通过配比使用的铁矿石品质出现波动。这一点对于大型钢厂的大型高炉影响甚大，因为大型高炉对铁矿石和焦炭等原料的配比要求十分严格，都是经过严密计算所得出的最优出铁效率的配比，因而，一旦出现波动，就会影响生铁的产量，并增加冶炼成本。原料的配比并不是一件简单的事，需要多年的经验总结和详细测算，因此，铁矿石品质的波动对生产决策是一个较大的挑战。

（六）我国进口铁矿石定价权缺失原因分析

一般而言，国际定价权往往指的是某地或者某个机构在某种商品上的定价能左右或者严重影响国际上对该商品价格的定价的能力。归纳起来，我国进口铁矿石定价权缺失的原因主要包括以下几个方面：

1. 我国铁矿石需求的增长

从近些年国际铁矿石的供需关系来看，铁矿石的主要进口国日本、韩国，其铁矿石的需求量一直保持稳定，而我国铁矿石需求量的扩大打破了原本全球铁矿石市场的供需平衡的状态。据有关数据统计，我国进口铁矿石数量一直以来在我国铁矿石的总需求中占有很大比例。因此，为了填补越来越大的铁矿石供需缺口，我国只能在国际铁矿石价格谈判中被迫接受铁矿石的大幅度涨价，以获得充足的铁矿石供给。

2. 我国铁矿石对外依存度偏高

我国进口铁矿石定价权缺失最核心的问题还是国内铁矿资源

的保障程度较低导致对外依存度高。我国铁矿资源禀赋不佳，贫矿多、富矿少，贫矿储量占总储量的96%，其中95%以上是难以直接利用的贫矿，利用成本较高；国产铁矿石平均品位在26%左右，低于世界平均水平10个百分点，而澳大利亚的铁矿石品位在 63%左右。还有就是我国铁矿石综合成本过高，我国铁矿石资源分布分散、类型复杂，增加了开采难度和生产成本，导致我国铁矿石开采成本远高于世界范围平均采矿成本，而澳大利亚和巴西的采矿成本则低于世界平均水平。并且国内铁矿石的生产技术已陆续淘汰，进口铁矿石的价格又相对较低，因此铁矿石需求量的日益增长造成了我国对国外铁矿石的进口依赖度较高。

3. 钢铁行业集中度偏低

自上世纪90年代以来， 由于外部竞争环境的日趋激烈， 之前一些强势企业开始逐步从对立竞争转向合作垄断竞争， 欧洲、美国、日本、韩国等钢铁主要生产国家或地区的钢企兼并重组盛行，使得钢铁产业集中度明显提高。虽然我国国内排名靠前的几家钢企产能在国际上也名列前茅，但是国内钢企的整体布局较为混乱， 建厂没有统一的规划。随着我国对铁矿石进口依赖度的增加，我国钢企不合理的产业布局所暴露出来的问题也日益凸显。在众多钢企中，除了宝钢靠近港口之外，其余大多数钢企都是建在原料产地附近。同时，铁矿石的进口企业数量众多而且不集中，缺乏相应的协调机制，所以不能形成规模经济，最终导致过度竞争和竞相抬价。这不仅不利于我国钢铁市场的稳定，更使得我们国家在外部的激烈竞争中处于不利地位，削弱了我国铁矿石议价能力。

4. 国际铁矿石市场寡头垄断

国际市场寡头垄断及供方联盟是导致我国进口铁矿石定价权缺失的直接原因。根据国际钢铁协会的数据可知， 澳大利亚、巴西、印度和南非几个国家的铁矿石出口量占全球总出口量的80%以上，而必和必拓、力拓和淡水河谷掌控着全球铁矿石70%以上的海运量。三大巨头为了获得高额利润而组成同盟，有时甚至通过减产营造资源紧张的假象，共同谋取国际铁矿石高价，形成寡头垄断的市场格局，从而造成铁矿石国际贸易价格的大幅上涨。而且现在世界铁矿石供应商巴西、澳大利亚等国企业通过大规模的兼并与收购，提高了市场集中度，对市场的控制和影响力进一步扩大。在这种形势下，铁矿石供应商争取了更多的话语权，而市场的需求者只能受制于人，承受高昂的铁矿石价格。

5. 资源竞争中政治因素的影响

铁矿石定价谈判中，政治因素也是影响定价的重要因素。一个国家的资源储备量在一定程度上能够代表该国的实力与国际地位。随着我国经济的发展，我国需要从市场上大量进口短缺的基础资源，这势必会形成与其他国家争夺资源的局面。而在中国综合国力和国际影响力越来越强的同时，一些发达国家认为中国的崛起可能会改变世界现有格局，近年来甚至一些国家提出“中国威胁论”的说法，所以他们想利用贸易、能源等筹码来限制中国的发展。自工业革命以来，资源向来都是国家决定战略方向的重要因素，资源价格的上行将提高我国经济的发展成本，并延缓其经济增长的速度。

（七）提高进口铁矿石定价权的对策建议

针对我国进口铁矿石定价权缺失的原因，我们应该有针对性地解决。

1. 提高行业集中度，建立价格联盟

我国要想真正地转变成钢铁强国，在铁矿石价格谈判中争取更多的定价权，最关键的则是钢铁企业整合，提高产业集中度。

首先要提高进入门槛，用提高准入门槛的办法强制淘汰高耗

能、高污染和低效益的小型钢企。国家应该在生产规模、环境保护、生产安全等方面对现有的中小钢铁企业进行整顿。关闭污染严重、耗能大的小高炉企业，鼓励大型企业对中小钢企进行兼并重组。其次要强强联合，用参股控股的办法对大中型企业进行兼并重组，组建几个规模庞大、实力雄厚的钢企集团，发挥规模经济和协同效应。这么做一方面能减少企业的数量，另一方面能提高大型企业的生产规模与实力。除此之外，还要完善钢厂布局。我国很多钢厂都实行靠近原料产地建厂原则，这样做会大大地提高运输成本。因此，应合理安排布局，实行临港而建原则，最大限度地缩短运输距离，减少生产成本。

2. 建立国家铁矿石战略储备体系

建立铁矿产品和产地相结合的战略储备体系，是国家实施铁矿资源宏观调控的重要手段，可以提高铁矿资源的保障程度，进一步提升我国在国际铁矿石市场中的定价话语权。战略储备具有蓄水池的功能。第一个功能是保障供应安全，资源充足时“蓄水”，避免浪费；资源紧缺时“放水”，保证供应。第二个功能是保证价格平稳。铁矿产品储备作为短期储备，通过控制铁矿资源的供应时机和供应数量，可以有效缓解铁矿资源供需矛盾及价格的剧烈波动，有利于稳定国内市场、平抑我国进口铁矿石的价格。实际上，战略储备还有第三个好处，就是低买高卖赚取差价。应借鉴国外发达国家的国家战略石油储备和稀土储备的管理方式和运营模式，提高我国铁矿石储备的能力和效率。产品储备由国家和企业共同参与，在国家储备一定规模铁矿的基础上，再通过一系列优惠政策鼓励企业建立铁矿产品储备。铁矿产地储备是为了国家中、长期战略储备而设立，通过调控资源勘查开发时空布局，调整资源在代际之间的分配，重在提高铁矿资源的保障程度。

3. 实施铁矿石“走出去”战略，调整利用境外资源结构

在国际铁矿石市场高度垄断的格局下，我国必须坚定不移地实施铁矿石“走出去”战略，调整利用境外铁矿石资源结构，进一步提高我国进口铁矿石的定价权。可以通过控股、参股、收购等多种方式掌控海外矿产资源。除此以外，还应积极寻找矿业权合作，或在有重大找矿前景的地区登记矿业权，通过持续的勘查投入，在境外力求建立长期稳定、可靠的铁矿石供应基地。在进行海外权益投资时应注重投资渠道的多元化，以分散投资风险，同时避免资源进口来源的过于集中。要充分利用我国的政治和地缘优势，以铁矿资源丰富的“一带一路”周边、非洲和拉美国家为重点，实现我国铁矿资源供给在全球范围内的优化配置。例如我国的周边国家哈萨克斯坦、印度等，这些国家不仅同样有丰富的铁矿石储量，而且与我国的距离较近，能够节省运费从而降低进口成本。这种投资权益的多国别化同时利于打破国际三大铁矿石供应商的寡头垄断地位，为我国赢得一定的定价权力。

4. 加强铁矿资源运输通道建设

我国已是全球屈指可数的“世界工厂”和装备制造大国， 造船能力世界领先，却没有自己的远洋运输船队，对外依存度高的大宗商品如原油、LNG 和铁矿石的运输需要委托国外的船运公司，海上长距离运输不仅增加了利用成本，更重要的是加大了利用风险，因此组建自己的运输船队、加强铁矿资源运输通道建设具有极为重要的战略意义。利用我国托运量大的优势至少与国外船运公司建立长期合作关系，签订长期运输协议，以稳定价格和供应；着力加强中巴经济走廊，尤其是巴基斯坦瓜达尔港的投资建设，建立多元化、多选择的铁矿资源运输通道网络，进一步减少对马六甲海峡运输通道的依赖，提升我国铁矿石进口运输通道的供给安全，提高我国进口铁矿石的定价权。

5. 与其他企业形成国内、国际采购联合体

对于国内企业来说，应该建立采购联盟。采购联盟的优势在于：可集中数量优势以实现价格优势；可避免不必要的重复采购；可减少联盟企业之间不必要的竞争和冲突。因此我国的钢铁企业应作为一个整体在国际市场上采购铁矿石，发挥联盟统一协调作用来负责进口铁矿石的采购，这样既可避免国内企业互相之间的恶性竞争，又可避免被对方“策反”，从而积极应对垄断企业的抬价行为，增强铁矿石定价的话语权。

对于国外其他钢企，可以与其联合。就目前而言，铁矿石寡头供应商之间的供给联盟相对稳定，定价能力也相对稳固。在铁矿石国际市场已形成供方高度垄断的格局之时，各需方应坚持反垄断措施，组织更为强劲的需方力量与供方相抗衡。与有着共同利益的外国钢企结成国际同盟，盟国之间应定期就铁矿石的供需和价格交流意见，制定统一的价格目标和计划策略，以确保铁矿石价格的合理制定，从而从供方高度垄断的市场为自身争取更多的利益和话语权，实现各需方共赢的局面。

6. 提高开采技术，加快国内矿产的开发和利用

虽然铁矿石原矿产量不足以影响进口价格的波动，但是国内资源的开发对于我国能源安全有着重要意义。国内铁矿业要有序发展，国内矿山和国外矿山的互补才能形成合理资源保障体系，国内原矿产量的提升可以提高资源自给能力，有效缓解对外资源依赖，打破卖方垄断的局面。虽然我国铁矿石储量丰富，但是低级别和低品位矿石的比例却相当大，并且开采难度较大。因此，我国企业应加大对贫矿开采技术的研发力度，引进国外的先进开采技术，提升对资源开采的科技含量。对于进口的资源性产品，企业应致力于提高对其的利用率，使有限的资源发挥出最大的作用，为此，需提高

相关资源性产品的冶炼与深加工水平，设定激励机制鼓励技术的研发与改进，以此来改善铁矿石的资源浪费和利用的不足。

第三节 财务资源与核心竞争力

一、财务资源配置与核心竞争力关系分析

企业的财务资源分类，从大的方面可以分为硬财务资源和软财务资源。所谓硬财务资源是指企业现实存在的可以在资产负债表上列示的不同形态的实物资源，包括固定资产和流动资产等。与之相对应的软财务资源，是指由于财务制度的一些局限性，目前无法在财务报表中反映，但是其存在对企业的发展至关重要，如顾客的信息需求、财务信息资源等。知识经济时代的到来，使得企业不再盲目追求硬资源的累积，而是更加注重软资源的内在培养，以期获取比较优势，形成自身的核心竞争力。由于软资源具有内部培育性，因而企业很难从市场中获取，使得软财务资源比硬财务资源更具有竞争优势，并成为企业核心能力形成的关键要素。硬财务资源和软财务资源的高效配置可以提升企业的核心竞争力。

财务资源的配置涉及财务活动的两个基本方面。一是对资本的形成进行整合，即融资中的资源配置。这里资源配置的表现为资本在不同时期之间和不同性质之间的安排，从而形成了融资的核心问题：融资结构的合理安排，包括长期资本和短期资本的安排、债务资本和权益资本的安排；另一个是对资本的使用进行分配，即投资中的资源配置。这里的资源配置主要表现为资本的合理分配，从而形成了投资的核心问题：资源流向和资源调整。

财务资源配置与企业核心竞争力的关系是：企业核心竞争力的外

层架构和内部含义均离不开财务资源的支持；优化财务资源配置方式可极大地提升企业的核心竞争力。通过对企业财务资源的配置，企业的资本结构更加合理化，债务比例和债务结构更加合理化，提高每股收益、每股净资产、销售净利率、净资产收益率、销售毛利率等，从而强化企业的竞争能力，获取竞争优势。与此同时，企业核心竞争力的提高以及由其带来的企业竞争优势和可持续发展，又为企业进一步扩大财务资源的来源提供了重要保证。总之，财务资源优化配置和企业核心竞争力之间是相互作用，相互促进的。

二、实体企业金融化及其经济结果分析——以雅戈尔集团股份有限公司为例

（一）案例背景及介绍

我国以制造业为核心的实体企业由于产能过剩、利润率下降，以及创新能力不足等原因面临转型压力。然而，随着现代金融市场的发展和近年来房价的飙升，金融行业和房地产行业投资利润增长速度较快，吸引了众多实体企业的关注。越来越多的实体企业选择将资金投入到报酬率较高的金融领域，以此获得高额收益。国泰安数据显示，2013—2018年，非金融上市公司金融资产规模增长了3倍左右，可见我国非金融上市公司呈现出明显的金融化倾向。

对此，国家陆续出台了相关文件。为防止企业将现有资金投资于金融资产而非主业，防止企业“脱实向虚”，党的十八大报告明确指出，国家经济发展在牢牢把握发展实体经济的基础上，支持金融体系作为实体经济发展的后盾，促进金融业与实体经济相结合。习近平总书记在中共中央政治局第十三次集体学习的讲话中强调，深化金融供给侧结构性改革要以金融体系结构优化调整为重点，金融要为实体经济服务，重点支持主业相对集中于实体经济的民营企业。可见，国

家政策强调实体企业应在发展好实体经济的基础上，发挥金融业的作用，扶持实体经济更稳定、更高效发展。因此，企业必须把握好实体经济和虚拟经济的关系，防范企业“脱实向虚”，避免出现实体企业空心化现象，这对国家经济的稳步发展至关重要。

雅戈尔集团股份有限公司（以下简称“雅戈尔”）作为全国纺织服装行业的龙头企业，2014年以前的发展非常稳定，营业收入远高于同行业的竞争者海澜之家。在此之后，海澜之家聚集所有资源专注于发展服装业务，而雅戈尔此时开始走向实体企业金融化，二者的差距正式拉开。中国服装产业协会数据显示，2013—2014年，雅戈尔在服装行业产品销售收入百强企业名单中位居第一，而在2015—2018年，排名第一的均为海澜之家。截至2018年的数据显示，无论是营业收入、利润总额还是企业市值，雅戈尔均低于海澜之家。以下从个体公司实施企业金融化的视角加以分析，并依据研究结论提出政策建议，为制造业“脱实向虚”带来的经济后果提供有力证据。

（二）企业金融化文献回顾与梳理

关于企业金融化，业界的定义存在两种争议，一方是站在财务的角度定义金融化，另一方是站在业务的角度定义金融化。财务角度的金融化主要体现在企业通过长期、稳定地持有金融资产而实现企业金融化；业务角度的金融化主要体现在企业通过参股或控股金融机构或类金融机构而达到业务上的协同效果实现的企业金融化。本书认为，无论是财务角度的金融化还是业务角度的金融化，二者不可分割，都将在金融化浪潮中给企业带来一定影响。

1. 财务角度的实体企业金融化

相关文献表明，目前学术界在微观层面对金融化的界定多从实体企业参与金融市场程度的角度进行理解。邓迦予认为，当资金投入企业后，将通过两种途径实现循环与周转：一方面，企业完成购买生产材料—加工产品—收回增值资金的过程，这是通过经营实现的财富积累；另一方面，企业可通过金融市场以“钱生钱”的方式拿到资金，而不涉及企业的经营。当上述两种方式保持在适当水平时，有助于企业完成良好的经营。但当企业发现通过生产产品获得的利润远低于通过金融投资所获取的收益时，投资收益可能成为企业利润的主要来源。以金融市场的发展为背景，本书参考蔡明荣和任世驰对企业金融化的概念，对企业金融化进行如下定义：企业金融化表现为企业资产更多地运用于投资金融资产而非传统的生产经营活动，且企业金融化后利润多来源于金融投资收益而非生产经营活动。

企业金融化为企业带来的并非全是负面影响。以财务角度来看待企业金融化可知，通过持有金融资产，企业可在一定程度上缓解财务困境。Keynes的预防性储蓄理论认为，人们通常会储备一定数量的安全资金，以应对未来的不确定性。由此可得出，企业金融化的第一个动机：预防动机。

但随着对企业投资金融资产研究的深入，企业的某种行为越来越受到学者的关注，即过度金融化行为。学者们开始认为，企业会把大量资金投资于金融市场，而不再专注于实体经营，同时，企业从中获取的高额金融投资收益促使他们进一步投资金融市场。因此，企业金融化会给实体业务投资带来挤出效应。由此得出，企业金融化的第二个动机：投机动机。

金融市场的蓬勃发展和实体经济的低迷引发了企业经营决策的改变，金融投资日益成为企业追求利润增长点的重要途径，实业投资回报率大幅下跌。为了实现利润最大化，企业偏向于将资金投向回报更高的领域，当实体经济低迷时，企业会以金融投资代替实体投资来获得最大利润。事实上，这两个动机本身并不矛盾，二者随着金融业的发展和企业金融化程度的变化交替出现，只是程度不同。由此可见，实体企业金融化是一把“双刃剑”，既存在因缓解企业资金不足困境带来的蓄水池效应，也存在因企业更偏向于投机动机带来的过度金融化挤出效应。因此，对企业能否合理运用金融化以支持主业发展，防范企业“脱实向虚”的研究，具有重要的现实意义。

2. 业务角度的实体企业金融化

近年来，国家陆续出台相关政策支持金融业为实体经济提供支持，这种支持主要体现在实体企业与金融机构的战略合作关系上。这种合作是具有约束的，相较于企业持有金融资产而言，它更倾向于以参股或控股的形式持有金融机构的股份，以对其实施重大影响，从而达到长期稳定的合作，实现互利共赢。

金融机构是指从事金融业有关的金融中介机构，主要包括银行、证券、基金、保险、期货和信托公司。吴绍寅认为，企业通过持有金融机构股权，与金融机构建立起长期互信与信息沟通机制，使得外部资金提供者不再处于信息劣势地位，有利于缓解双方信息的不对称。具体而言，由于企业更希望寻求一种长期性的资金支持，当企业决定入股金融机构时，双方之间必然已对彼此的经营现状及决策方式有了深入了解，这将极大节省日后融资时的交易成本。这也使得双方更愿意相互配合，以共同获得最大利益，极大激发金融机构与企业合作的意愿。企业通过对金融机构的参股甚至控股，将有更大可能影响其经营决策，并以更优惠的条件获得关联贷款，由此利用金融机构所持资源为企业自身服务，利用关联关系使实体企业借助金融机构发展。

（三）雅戈尔金融化概况

1. 公司概况

雅戈尔创建于1979年，是全国纺织服装行业龙头企业，2018年度实现销售收入879亿元，位居中国民营企业500强第66位。经过40

年的发展，雅戈尔已形成以品牌发展为核心，进行多元化、专业化发展的企业集团。40年来，雅戈尔通过打造国际品牌作为企业发展的战略根基，确立了高档品牌服饰的行业龙头地位，并持续保持国内男装领域主导品牌地位。

1993年，雅戈尔开始进行金融投资，并逐渐形成“服装纺织板块、金融投资板块、房地产板块”三大业务并行，是中国较早进入专业化金融投资领域的民营企业之一。雅戈尔强调，公司侧重于服装、消费产业，积极发现面料、品牌、渠道、销售等产业链各环节的领先企业，促使这些企业与雅戈尔服装业务形成战略协同，提升企业的综合竞争力，为雅戈尔未来的增长提供助力。在稳健配置金融资产的同时，雅戈尔还积极探索新兴产业投资方向，努力实现做强股权投资、反哺主业发展的愿景。

2. 雅戈尔财务金融化过程

本书借鉴杜勇对企业金融化的衡量方式，以金融资产占总资产的比例代表企业金融化。结合企业会计准则和本书对于企业金融化的定义，金融资产的定义中不包括货币资金和企业日常经营应收项目，因为其并未给企业带来资本增值。本书还认为，现阶段房地产行业高速发展，许多企业持有投资性房地产的目的已经由自用变为逐利，故也将投资性房地产包括在内。2013—2018年，雅戈尔涉及的金融资产见表5.4，本书以此衡量其金融化水平。

如表5.4所示，由于雅戈尔金融资产占总资产的比例大体呈上升趋势，因此认为其具有长期稳定持有金融资产的倾向，认定该企业具有金融化倾向。然而，企业金融化的动因有多种，该企业是出于投机动机，还是储蓄动机？事实上，如果企业具有投机动机，将更加倾向于投资金融资产，并使得企业投资金融资产的资金挤占实体企业主营业务投资，从而影响企业未来的经营发展，给企业带来一

定风险。如果企业是基于储蓄动机，则代表着企业持有金融资产的主要目的是利用蓄水池效应应对未来的不确定性，从而支持企业主营业务的发展。

表5.4　2013—2018年雅戈尔金融资产情况

金融资产＼年份	2013年	2014年	2015年	2016年	2017年	2018年
交易性金融资产/万元	—	—	—	—	224 045.51	297 085.6
可出售金融资产/万元	651 669.28	1 009 078.47	2 607 011.78	2 407 426.88	2 012 809.5	2 044 854.71
投资性房地产/万元	47 406.21	45 136.86	44 402.05	33 482.92	40 654.21	39 088.23
委托理财/万元	—	5 700.00	347 500.00	373 657.00	698 960.00	246 458.05
金融资产投资额合计/万元	699 075.49	1 059 915.33	2 998 913.83	2 814 566.8	2 976 469.22	2 627 486.59
企业总资产/万元	4 834 612.66	4 762 372.21	6 627 728.31	6 391 183.15	6 691 883.58	7 561 200.36
金融资产投资额占总资产比例/%	14.46	22.27	45.25	44.04	44.48	34.75

注：1.2012年，企业新会计准则出台；2014年，“企业金融化”一词开始广泛运用。因此，本书针对雅戈尔2013—2018年度的情况进行分析。2.委托理财主要包括委托信贷和理财产品，具体数据可从“其他流动资产”明细中获得。

3. 雅戈尔业务金融化过程

2012年，企业会计准则的修订缩小了长期股权投资的定义范围，使得雅戈尔的很多之前被确认为长期股权投资的资产调整为可供出售金融资产。也就是说，此次准则的修订更强调企业通过对被投资单位实施控制或施加重大影响而带来可变回报，由此使企业管理者做出更合理的投资管理决策。也正是基于本次修订，雅戈尔更加注重朝向实体企业金融化的方向发展。

无论是建立投资板块，还是与金融机构达成战略性协议，企业最终都是希望能在业务上与金融机构建立联系，以形成产业链优势。雅戈尔认为，只有战略上的合作才能真正达到业务上的融合，而这主要体现在长期股权投资上。2013—2018年雅戈尔投资金融机构项目明细见表5.5，可以看到，企业通过持有金融机构的股权来对其实施重大影响，从而达到战略合作的协同作用。其中，2014—2018年雅戈尔一直持有宁波银行的股权，并逐年递增持股比例，尽管该比例一直在20%以下，但雅戈尔始终是宁波银行的第三大股东，对宁波银行的经营决策具有重要影响。2015年，雅戈尔对浙商财险的持股比例由18%增加至21%，且委派一名董事，因此转为长期股权投资，此后一直持续持有其股份。2015年，雅戈尔认购中信股份的新股，并与中信股份达成战略投资协议，力求由金融投资向产业投资转型。

表5.5　2013—2018年雅戈尔投资金融机构项目明细

年份	联营或战略合作企业名称	业务性质	持股比例／%
2013年	—	—	—
2014年	宁波银行	银行及相关金融服务	10.93
	浙商财产保险股份有限公司	保险及相关金融服务	18
2015年	宁波银行	银行及相关金融服务	11.57
	中信股份	覆盖金融业等	4.99
	浙商财产保险股份有限公司	保险及相关金融服务	21
2016年	宁波银行	银行及相关金融服务	11.64
	浙商财产保险股份有限公司	保险及相关金融服务	21
2017年	宁波银行	银行及相关金融服务	13.17
	浙商财产保险股份有限公司	保险及相关金融服务	21
2018年	宁波银行	银行及相关金融服务	15.25
	浙商财产保险股份有限公司	保险及相关金融服务	21

为了体现企业的金融化程度，本书进一步关注企业可供出售金融资产投资对象的明细情况。雅戈尔的战略愿景是在稳健配置金融资产的同时，积极探索新兴产业投资方向，努力实现反哺主业发展。2013—2018年雅戈尔持有上市公司可供出售金融资产明细见表5.6。可以看到，企业每年都持有一定金额的可供出售金融资产，但其持有对象大多是金融投资和科技企业，与服装纺织主业无关。特别是2013年，既进行了金融机构投资，也进行了非金融机构投资。而此后，雅戈尔越来越少地投资于非金融机构，转而着眼于金融机构领域。因此，本书认为雅戈尔并未通过企业金融化实现多元化发展，而是更加注重金融领域的投资。通过对金融机构进行短期投资，企业既可以实现短期变现的目的，也可以在适当时机增加对金融机构的持股比例以施加重大影响。从雅戈尔持有企业的情况来看，有些企业是以财务视角实现金融化，有些企业则以业务视角实现企业金融化，但更多的企业在金融化的过程中，是财务与业务视角的一体化。

表5.6　2013—2018年雅戈尔持有上市公司可供出售金融资产明细

年份	持有上市公司可供出售金融资产情况
2013年	宁波银行、中信证券、泸州老窖、圣农发展、东方锆业科技公司、广博股份、浦发银行、云天化、工大科技、中金黄金、山煤国际、金正大
2014年	中国平安、国信证券、广博股份、浦发银行、金正大
2015年	浦发银行、广博股份、创业软件、金正大
2016年	浦发银行、中信证券、金正大、联创电子、创业软件、广博股份
2017年	浦发银行、中信证券、金正大、联创电子、创业软件
2018年	中信股份、联创电子、美的置业、金正大、创业软件

4. 雅戈尔企业金融化经济结果分析

如上所述，雅戈尔通过持股宁波银行、中信股份、浙商财产保险股份有限公司与金融机构组成战略伙伴关系。如表5.5所示，雅戈尔的战略投资行为有助于企业与金融机构建立起长期互信与沟通机制，彼此进行信息交换的渠道更加畅通，有利于缓解双方信息不对称的程度。当企业决定入股金融机构时，双方之间必然已经进行了充分的沟通和磋商，有助于形成默契的合作关系。此外，企业通过对金融机构的参股甚至控股，将直接影响其经营决策。企业还能够以更优惠的条件获得关联贷款，参与金融机构的信贷决策，便于企业获得信贷资金，缓解融资约束。对实体企业而言，这将有助于解决企业所面临的资金问题；对金融机构而言，将提高其决策效率、控制其贷款风险。

2015—2018年，雅戈尔与联营企业关联事项见表5.7。由表5.7可知，雅戈尔与联营企业发生了一系列关联交易，以获得关联贷款支持主业发展，这有助于企业核心竞争力的建立。吴绍寅通过实证研究表明，企业应积极参与入股金融机构，并尽可能提高持股比例，成为金融机构的战略投资者。通过实体企业业务金融化行为，雅戈尔在金融投资领域实现了资本运作的协同效应；在服装领域，雅戈尔将获得销售渠道和产品组合等优势资源，有助于企业未来主业的经营发展。然而，雅戈尔所进行的财务股权投资行为明显多于战略股权投资行为，且更多的投资行为涉及金融领域和房地产领域，与服装领域相关性较低且金额较少。因此，笔者认为，企业应注重与金融机构的战略合作关系，并通过参股金融机构扶持主业的发展。

表5.7　2015—2018年雅戈尔与联营企业关联事项

年份	关联事项	具体事件
2015年	关联债权债务往来	宁波银行向雅戈尔提供资金
	关联方资金拆借	雅戈尔子公司宁波雅戈尔服饰有限公司取得宁波银行短期借款
	其他关联交易	雅戈尔及其子公司在宁波银行存款、购买理财产品
2016年	关联债权债务往来	宁波银行向雅戈尔提供资金
	关联方资金拆借	雅戈尔子公司宁波雅戈尔服饰有限公司取得宁波银行短期借款
	其他关联交易	雅戈尔及其子公司在宁波银行存款、购买理财产品
2017年	购销商品、提供和接受劳务的关联交易	雅戈尔与宁波银行在服装销售上发生关联交易
2018年	购销商品、提供和接受劳务的关联交易	雅戈尔与宁波银行在服装销售上发生关联交易
	其他关联交易	雅戈尔及其子公司在宁波银行存款、购买理财产品

此外，本书还关注了雅戈尔进行企业金融化后，给企业带来的投资收益，以及该行为对企业服装主业营业收入的影响。

2013—2018年雅戈尔利润项目表见表5.8。可以看出，雅戈尔的投资收益占比自2014年起迅速上升，当年超过了50%。这意味着雅戈尔一半以上的利润来源于投资收益，如果剔除投资业务带来的利润，公司利润将大幅减少。2017年，雅戈尔所持金融资产所获投资收益与利润总额之比达到266%，这是因为2017年报告期内雅戈尔的营业收入受地产板块影响同比2016年大幅下降，而营业成本与同期相比无较大变化，因此，尽管2017年度服装板块相比以往年度增速更快，营业收入较2016年增长9.46%，但企业之所以能够盈利，很大程度上归功于企业金融投资收益的贡献。

表5.8　2013—2018年雅戈尔利润项目表

年度 项目	2013年	2014年	2015年	2016年	2017年	2018年
营业总收入/万元	1 516 687.56	1 590 321.60	1 452 739.26	1 489 499.94	983 952.90	963 547.93
投资收益/万元	62 477.49	258 248.56	264 776.11	250 445.72	215 398.82	176 852.46
利润总额/万元	212 922.76	389 930.64	536 393.40	456 792.62	80 913.16	434 861.78
投资收益比利润总额/%	29.34	66.23	49.36	54.83	266.00	40.67

注：本书对企业投资收益的计算扣除对联营企业和合营企业的投资收益。

但需要注意的是，企业投资收益的大幅飙升也会给企业带来一定风险。为此，本书重点关注2018年雅戈尔的投资收益占比是否回落。数据显示，2018年雅戈尔的投资收益占比回落。但针对2017年度，企业金融资产占总资产的比例并没有很高，而是与往年基本持平，但金融资产带来的高收益确实为2017年度的利润总额带来较大影响。因此，本书认为雅戈尔的倾斜投资业务明显具有风险，金融资产投资带来的金融收益提升使得企业控制者和管理层有动机将企业发展方向放到金融投资上，从而忽视企业的主营业务，将更多资源用于金融资产投资，严重影响公司的持续经营。

此外，本书还关注了雅戈尔投资金融资产对主营业务的影响。雅戈尔作为全国服装行业的龙头企业，尽管后续发展已实现多元化，但其主营业务仍是服装板块，而企业的多元化发展同样是为了服务主营业务。为此，需要衡量雅戈尔金融投资收益对于企业服装板块收入的影响，见表5.9、图5.2。

表5.9　2013—2018年雅戈尔金融投资收益与服装纺织主营业务收入（单位：万元）

项目＼年份	2013年	2014年	2015年	2016年	2017年	2018年
服装板块主营业务收入	459 348.90	439 567.15	446 059.65	446 292.86	488 521.79	516 345.27
金融投资收益	62 477.49	258 248.56	264 776.11	250 445.72	215 398.82	176 852.46

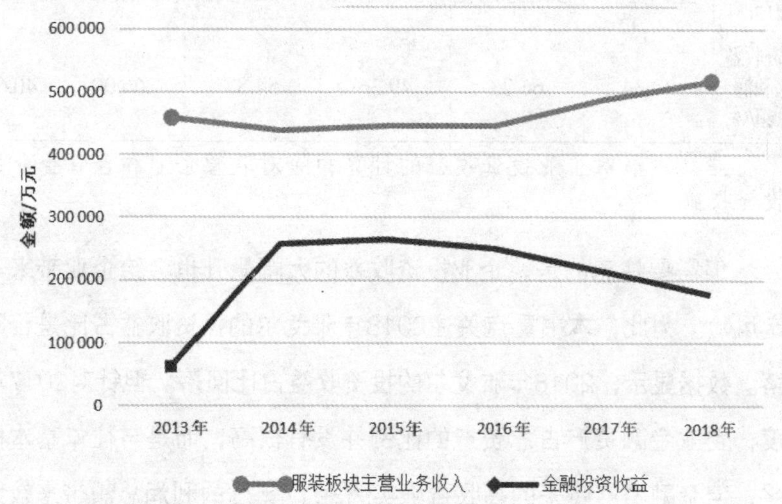

图5.2　2013—2018年雅戈尔金融投资收益与服装纺织主营业务收入对比

从以上数据可知，服装板块的主营业务收入与金融投资收益基本呈相反的变化趋势，金融投资收益的上升将导致服装业务收入的下降。这说明雅戈尔在获取较高金融收益的同时在一定度上挤占了主营业务的发展，使其收入受到抑制。本书有理由认为，企业实现金融化的主要目的是以金融收益弥补经营收益，从而提升获利能力，这可能导致企业更有动机在企业获利能力下降、较大金融收益，以及两者相互作用的情况下，加剧企业金融化程度。也就是说，企业没有以涵盖服装品牌、上下游具有核心竞争力的企业与现有的服装产业形成产业链优势为目标，其所获取的收益也并没有主要用于支持主业发展。恰恰相反，当企业的投资收益增多，投资金融资产所获得的资金并没有投入服装板块，这有悖于企业的愿景。因此，企业金融化在一定程度上将挤出企业主营业务未来的发展，甚至使企业更关注于金融领域的高额回报，降低企业主营业务的竞争力。

上述分析表明，在实体企业金融化的过程中，更容易产生金融资产投资对于主业发展的挤出效应，使得企业无法良好地利用战略合作伙伴关系支持主业发展，反而表现出企业更倾向于投资金融领域以获得高额收益。因此，企业在发展过程中需时刻关注自身的投资行为，防范“脱实向虚”。

（四）研究结论

适度的金融化行为有助于企业利用金融资产的蓄水池效应支持主业发展，但由于金融投资收益明显高于企业的实体经营收益，使得企业更容易出现过度金融化行为。这种行为将使金融化的挤出效应大于蓄水池效应，进而影响企业发展。对于雅戈尔的分析印证了这一观点，当雅戈尔注重金融领域的投资时，更容易发生过度金融化倾向，使企业更倾向于金融投资，金融投资资金将挤占实体投资所需的资金，不利于实体企业的主业发展，甚至可能使得企业打着业务协同的名义越来越享受金融投资带来的收益。但是，如果实体企业能够更加注重金融化过程，以战略角度与金融机构建立长期合作关系，而不仅以短期持有为目的，不随意买入和卖出，这将更能体现企业战略上的决策，也将在很大程度上为实体经济的发展提供良好环境，对国家经济的稳步发展形成促进作用。

研究发现，雅戈尔已经意识到了成为金融机构战略投资者的重要性，以及过度持有财务性质的金融资产将影响企业未来的发展。2019年4月30日，雅戈尔发布《关于投资战略调整的公告》。公告表明，雅戈尔于2007年提出“三驾马车”的发展战略，在稳健发

展服装、地产业务的基础上，开始探索投资业务。在此后的12年间，多元化的经营使雅戈尔意识到，这将给公司本身带来较低的估值，也会使投资者对公司的预期越来越谨慎。因此，雅戈尔为实现公司价值最大化目标，拟对财务性股权投资的存量项目，除履行原有投资承诺外，根据不同的投资特点，采取二级市场减持、协议转让、期满后退出、上市后退出等不同策略，择机进行处置。雅戈尔明确并坚定表明将聚焦服装主业的战略思路，减少资本市场波动对公司的不确定影响，使投资者对公司更加信赖。雅戈尔拟不再新增非主业领域的财务性股权投资，并择机处置已经存在的非相关财务性股权投资项目，集中资源推动服装主业迈上新的台阶，为投资者创造更大的价值。并且，雅戈尔的这一处置行为并没有改变宁波银行与其战略投资合作的地位，本举措并不会动摇战略性投资项目的持有。

（五）政策启示

企业金融化对实体企业主业发展的影响究竟如何，不仅取决于企业自身的金融投资行为，还取决于企业是否能随着经济环境的变化调整企业决策，不断改变投资战略以应对企业金融化带来的机遇与挑战。政府在此过程中起到的监督和管理作用不容忽视。

1. 企业应合理利用实体企业金融化的优势

实体企业金融化是否会给企业带来不利影响，取决于企业运用金融化支持自身发展的动机和方式。企业应意识到，适度配置金融资产形成的蓄水池效应能为企业提供资金需求，并能充分发挥与金融机构合作带来的业务协同效应。此外，企业应及时“回头看”，以避免深陷于高额的金融投资收益，因而挤占实体主业投资。实体企业也必须明确，只有实现实体企业与金融业的协同发展，才能实现企业的可持续发展。

2. 完善资本市场监管，使金融投资回报率处于合理水平

由于近年来企业金融化趋势明显，实业投资回报率较低，企业“脱实向虚”动机明显，这很可能会带来产业的空心化。因此，在国家政策的引导下，政府应加大力度对资本市场进行监督和管理，有效引导金融业支持实体企业发展。

3. 深化供给侧结构性改革，提升企业进行实业投资的意愿

通常，实业投资具有周期较长、收益率较低的特点。因此，企业在进行实业投资时，更关注能否降低经营成本，以提高实体经济的投资收益率。因此，通过进一步深化供给侧结构性改革，降低其中的交易成本，将有助于提升企业进行实业投资的意愿。

（六）结语

通过上述的分析，我们对金融化给企业带来的影响有了明确认识，企业应充分发挥实体企业金融化带来的优势，对财务角度和业务角度的金融化行为做出适当决策，以金融业为实体经济服务为宗旨，建立良好的经营环境，支持企业未来发展。

第六章

管理资源的战略成本管理

随着行业竞争越来越激烈，为了能在市场中存活下去，企业必须具备管理核心能力。管理资源作为管理核心能力形成的基础，企业应从未来发展大局上对其进行成本管理，从而形成自身的管理资源优势。本章首先介绍了管理资源的内涵及构成；然后重点从企业的组织结构、管理制度以及业务流程三方面，具体阐述了企业管理资源的战略成本分析内涵以及如何更好地对管理资源进行战略成本管理；最后，运用案例进行了具体的阐释。

第一节 关于实现核心竞争力的管理资源

管理是对企业的人、财、物等资源进行有效的整合以达到企业目标、为企业创造价值的过程，它将孤立的资源整合在一起发挥优势，其本身也是一种重要的企业资源，直接决定着企业资源整体效力发挥的水平。管理资源包括企业组织结构、管理制度、业务流程等方面。

一、企业的组织结构

组织结构是指组织内的全体员工为了达成企业目标，全体成员分工协作、完成工作任务的动态结构体系。组织结构表明了企业组织由哪些部分构成以及各部分之间怎样关联，是组织内部对工作的正式安排，是整个管理系统的框架，是企业有效运行的基础。一个成功的组织结构可以把组织内成员有效合理地组织起来，共同努力实现组织目标。

（一）组织结构理论

19世纪末20世纪初，科学管理之父泰勒开辟了组织结构理论。组织结构理论揭示了企业的组织结构、组织职能、管理主体行为以及组织运行的规律特点。组织结构理论自创立以来，先后经历了古典组织结构理论、行为科学组织结构理论以及现代组织结构理论的发展历程。

1. 古典组织结构理论

古典组织结构理论有三个代表派别：泰勒的科学管理学派、法约尔的行政管理学派以及韦伯的官僚体制学派。古典组织结构理论主张集权型层级制的组织结构，其适应了社会生产体制由作坊式小生产向工厂化大生产的转化，有利于组织效率的提高和生产力的发展，但其忽略了组织结构中人、外部环境等因素对组织未来发展的影响。

2. 行为科学组织结构理论

20世纪20年代，组织动力的缺乏越来越成为制约企业效率提升的因素。管理学家开始从“人”的角度对古典组织结构理论进行完善，提出了行为科学组织结构理论，强调人的心理对组织结构的影响。代表人物有梅奥、马斯洛和赫茨伯格等。此时，组织结构转向了分权型层级制组织形式，包括事业部制、超事业部、矩阵等形式。这种组织形式重视成员满意度的提升，从而有效提高了企业生产运营效率，有利于企业的进一步发展。

3. 现代组织结构理论

行为科学组织结构理论虽然重视了“人”对组织的影响，但仍没有考虑外部环境因素，而随着外部环境对企业影响程度的加大，现代组织结构理论应运而生。现代组织结构理论起源于20世纪60年代的新型组织理论，以权变理论为依据，侧重研究组织与环境之间的关系，要求管理者敏锐观察外部环境的变化，积极创新管理方式方法，以应对激烈的竞争环境。其代表人物有巴纳德、西蒙、钱德勒、劳伦斯等。

（二）组织结构的形式

1. U型组织结构

U型组织结构（Unitary Structure）是中央集权式的垂直管理结构，按照职能划分部门，管理权集中掌握在高层管理人员手中，下层人员需按照上层指令行事，自主权较小。U型组织结构包括直线结构、职能结构以及直线职能制结构三种形式。U型组织结构图如图6.1所示。

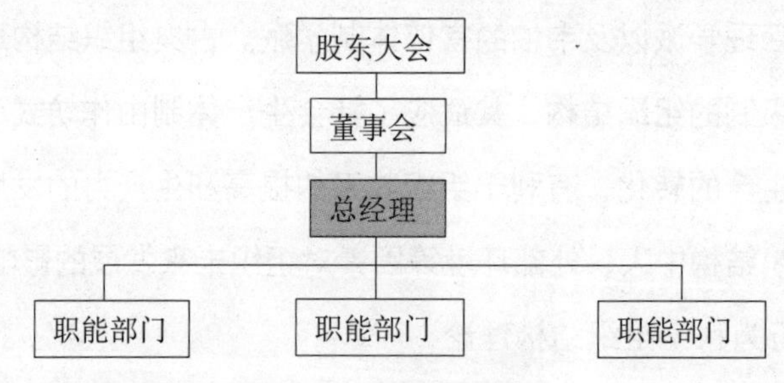

图6.1 U型组织结构图

2. M型组织结构

随着市场环境的变化，高度集权的组织结构成为制约企业发展的瓶颈。为了使企业灵活发展，企业管理权力必须下放。M型组织结构（Multidivisional Structure）应运而生。M型组织结构也称多部门结构，是指按企业业务所在的地区或所经营的产品等划分部门。在这种

结构下，各事业部在事业部经理的带领下，独立核算，自负盈亏，拥有较大的自主权。M型组织结构可划分为产品事业部结构、多事业部结构以及矩阵式结构三种类型。M型组织结构图如图6.2所示。

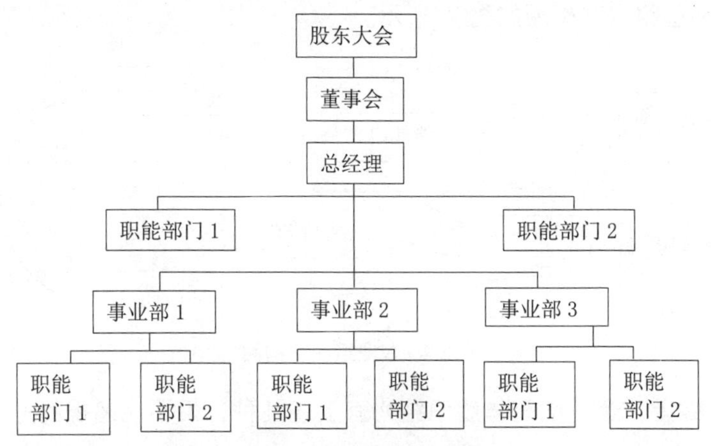

图6.2　M型组织结构图

3. H型组织结构

H型组织结构（Holding Company Structure）是一种控股公司的组织结构，这一结构主要存在于横向兼并形成的大型企业集团中，各子公司独立性比较强，公司总部可以通过职能部门来协调控制子公司的工作目标和生产经营管理行为，是现代经济中一种很重要的组织结构形式。H型组织结构图如图6.3所示。

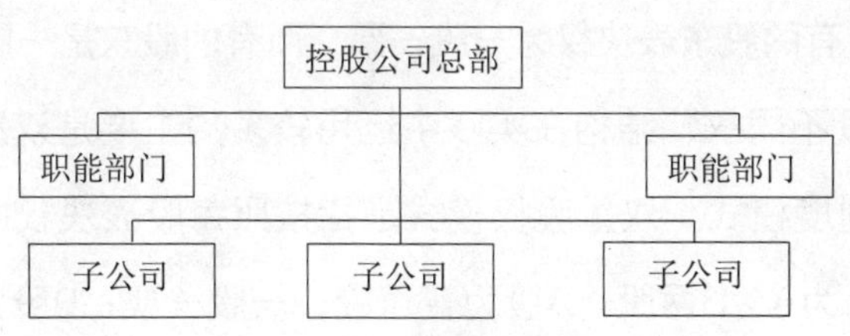

图6.3　H型组织结构图

4. N型组织结构

N型组织结构（N-Form Structure）又称网络型组织结构。它

与关联的其他组织之间并不存在互相持有资本或上下级管理的关系，而是依靠契约关系，围绕战略中心，相互协作。N型组织结构没有固定的组织边界，也不存在指挥者，呈现扁平化、虚拟化的特点。N型组织结构图如图6.4所示。

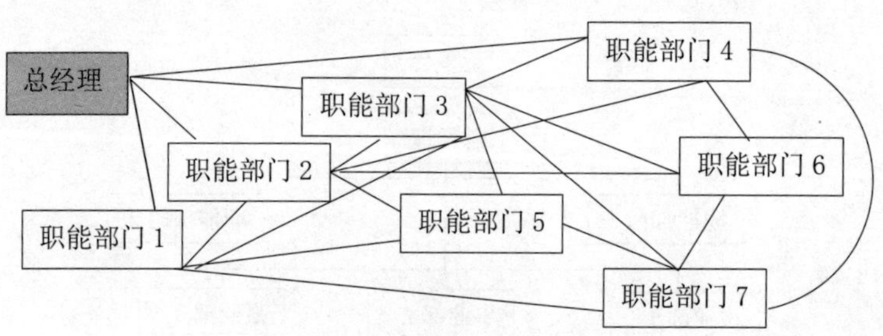

图6.4　N型组织结构图

综上，企业的整体组织结构有上述几种，但不能忽视的是对于不同公司而言股权结构也不尽相同。股东大会作为组织的最高层，决定着公司的经营方针和投资计划，股权结构也决定着企业的组织结构。按照相同股份享有的股权是否相同，股东大会结构可以分为两类：同股同权与同股不同权。

"同股同权"是指当股东拥有的股份相等时，他们拥有平等的权利，强调股东行使决策权的平等性。"同股不同权"是指股东持有同样的股份，但享有的权利是不同的，主要指表决权的不对等性，比如在公司中，有的股东表决权为一股一票，而有的股东是一股多票。

"同股不同权"结构在实践中运用较多的主要是双重股权模式和合伙人制度模式。双重股权模式是指按照每股表决权的大小，将普通股划分为A、B两股，A股为普通股，一股一票；B股为特别股，一股多票。在美国上市的京东、百度均是采用的这种模式。而合伙人制度是阿里巴巴的创新，通过这一模式，阿里巴巴成功地让只拥有很少股份的合伙人控制公司，这里的合伙人不同于法律上的合伙人，而是指认同公司价值文化，一起创业打天下的人。

（三）组织结构设计

组织在发展过程中时刻受内、外部环境条件的影响，因此我们只有在设计组织结构时充分考虑到这些影响，才能设计出更加合理的组织结构，这对企业的战略成本管理来说也十分重要。在进行组织结构设计时必须考虑环境、战略等因素的影响。此外，组织的生命周期和规模不同，也会对组织的结构形式提出相应的要求。

1. 企业外部环境与组织结构设计

企业所处的外部环境是复杂多变的，环境中的各个要素是存在于企业之外，很难被企业控制的，这些因素具体包括：行业、原材料、社会政治文化环境、经济条件、技术环境、财务资源等。根据邓肯的环境理论模型，环境分为“简单和复杂，稳定和动荡”四种情况，不同的环境情况对应的组织结构形式是不同的。环境不确定性的分析框架见表6.1。

表6.1　环境不确定性的分析框架

环境不确定性程度	简单—稳定（低不确定性环境）	复杂—稳定（中低不确定性环境）	简单—动荡（中高不确定性环境）	复杂—动荡（高不确定性环境）
环境特点	组织面临环境因素较少，各因素间有较多的相似性，且各因素变化很小	组织面临环境因素多而复杂，各因素间也有一些相似性，且各因素变化程度较小	组织面临环境因素较少，且各因素间有相似之处，但变化快，动荡	组织面临环境因素多，各因素间差异性较大，且各因素变化速度快、持续时间长
组织结构特征	专业分工程度高，正规化程度高，规章制度多，工作程序多，多采用集权形式	专业分工细，规范化程度较高，但由于人员知识程度较高，工作独立性较强，多采用分权形式	规范化、集权化程度较高，但在个别部门采用柔性结构	规范化、集权化程度都很低，多采用分权形式

根据伯恩斯和史托克的研究发现，组织的内部结构与组织的外

部环境息息相关。当外部环境较稳定时，组织往往具备这些特性：标准化的规章制度与流程、等级化的职权结构、正规化、集权化。伯恩斯和史托克称之为机械化组织系统。

在一个快速变化的环境中，组织结构往往更松散、扁平，具有高适应性：没有书面的规章制度，就算有也经常被忽略；职权等级不清晰，分权化的决策。伯恩斯和史托克称之为有机性组织系统。不确定性环境下的组织结构形式分析见表6.2。

表6.2　不确定性环境下的组织结构形式分析

环境不确定性程度	简单—稳定（低不确定性环境）	复杂—稳定（中低不确定性环境）	简单—动荡（中高不确定性环境）	复杂—动荡（高不确定性环境）
适用的组织结构形式	机械结构，如直线制，直线职能制	机械有机结构，如母子公司制	机械有机结构，如矩阵式	有机结构，如事业部制、混合式

2. 企业的战略与组织结构设计

战略对企业组织结构的影响是深远的，企业要想发展壮大，就要与时俱进，企业既要适应当前的竞争环境，还要确定下一步的发展规划，根据企业的战略目标，调整战略经营方向，增强核心业务范围或者改变运营方式、资源配置方式等，这些战略变化都需要相对应的组织模式的改变。企业战略与组织结构设计的对应关系见表6.3。

表6.3　企业战略与组织结构设计的对应关系

战略	组织结构
专业化（企业业务只有一个领域）	职能制
相关多元化（企业的业务较多，但是都是相关行业）	事业部制
纵向一体化（企业业务种类较多且并不相关）	混合结构

3. 企业的生命周期和规模与组织结构设计

企业处于不同的发展阶段，组织结构设计也会不一样。整个企业就像人的一生一样，有婴儿期、成长期、成熟期和衰老期。企业的生命周期一般包含下列四个阶段：

（1）创业阶段：企业的部门设置和岗位职能还不健全，职责和权限还不明确，信息在企业内的传递没有流程可依。这时的组织呈现非正规化和非机械化结构。创业者本人控制着整个组织。

（2）集合阶段：在管理危机解决之后，企业拥有了强有力的领导力，同时开始设立明确的目标和方向。

（3）正规化阶段：组织内部管理制度化，基层组织结构开始健全，分工精细，业务流程成熟，多样化的产品；随着产品的增多和市场区域的扩大，组织需要进行专业化分工，这时通常会按照产品或地区建立事业部，这些事业部有相对独立的经营权。但是此时容易形成事业部之间的利益之争，同时总部对事业部的控制力会有所减弱。

（4）协作阶段：这个阶段鼓励团队协作。组织结构呈现出分权化、扁平化和更广泛的跨部门协作。

企业生命周期不同阶段的组织特征见表6.4。

表6.4　企业生命周期不同阶段的组织特征

生命周期 组织特征	创业阶段	集合阶段	正规化阶段	协作阶段
特点	非机械化	部分机械化	机械化	过度机械化
正规化程度	非正规化	初步正规化	正规化，专业化分工	正规化，团队协作
集权程度	个人集权	上层集权	有控制的分权	有控制的分权
目标	生存	成长	扩大市场	独特性，完整的组织
领导风格	个人主义	领导魅力，权威的指令	分权兼控制	参与，重视团队
组织形式	直线制	职能制	职能制或事业部制	事业部加矩阵制

（四）企业组织结构与战略成本管理的关系

1. 组织结构是战略成本管理实施的基础

企业组织结构是组织内部各个有机构成要素相互作用的形式，是企业资源和权力分配的载体，是企业的“骨骼”。企业只有具备完整的组织结构，才能明确各部门的职责边界，顺利开展工作任务，有效传递信息，充分发挥各资源优势，从而保证企业的顺利运行。战略成本管理的开展，离不开合理的组织结构。不断完善组织结构，有助于企业战略决策的顺利实施，推动着企业战略使命的完成。

2. 组织结构应服务于企业战略目标

战略成本管理是成本与战略目标高度结合的产物，是对企业全局的发展目标所做的动态化、长期化谋划。企业的组织结构是管理机制的框架，是管理者实现战略目标的一种手段。良好的组织结构能界定、分解、组合、协调企业工作任务的方式，调动企业的资源，充分发挥企业的优势。为了更好地实现企业的战略目标，组织结构应顺应企业战略目标的变化，应根据企业的战略目标选择适合自身的组织结构。例如，2011年，华为曾找过一家国际咨询公司对组织结构进行咨询，得到的意见是，华为应该按照产品线实行功能封闭的运作。华为虽然支付了顾问费，却并没有采纳。这是因为当时华为以聚焦为战略目标，其客户比较集中，技术共享性也较强。任正非认为如果采用事业部组织结构，华为的客户资源及研发技术体系都会被割裂，相应作业成本增加，华为的竞争优势便没有了。所以，企业战略目标决定了组织结构需要具备的能力，组织结构应紧跟企业的战略目标。

3. 组织结构的集权程度影响着企业的生产效率和灵敏性

权力高度集中的组织结构，虽然有助于集中配置企业的人、

财、物等资源，但是企业大小事务均需最高领导者来决策，延长了信息沟通的渠道，降低了信息传播的速度，进而影响企业的生产效率。除此之外，过度集权可能导致严重的官僚主义，使企业对市场需求及竞争对手的反应变慢， 不利于采取相应的对策。在战略成本管理下，企业要想发挥最优的生产效率，对外部环境变化灵活应对，必须使组织结构做到集权与分权相统一，减少高层与基层的权力摩擦，提高效率与员工参与度。

4. 组织结构设计影响着企业成本

企业组织结构过于冗杂，会出现职责交叉的情形，不仅影响运行效率，还会导致资源的浪费、成本的增加。组织结构的精简化，使多方管理的事务变得明了清晰，业务流程愈来愈简化，办事效率越来越高，节约了办公费用，降低了管理成本。同时，使得部门岗位设置更加合理，避免闲置人员的情形，充分利用人力资源，减少了人工成本。

5. 组织部门重心化有利于企业核心优势的发挥

企业战略成本管理的重点是发展可持续的竞争优势，在激烈的竞争中与对手抗衡。为了实现这一目标，企业应放大自己的核心优势，提升自己的竞争能力。在信息化时代，企业管理水平不断提高，组织结构的设计变得更具弹性。企业可以将非核心部门外化出去，重点发展核心部门，发挥自己的最大优势，从而使企业效益最大化。

二、企业的管理制度

（一）企业管理制度的内涵及作用

现代企业管理制度是对企业管理活动的制度安排，包括公司经营目的和观念，公司目标与战略，公司的管理组织以及各业务职能领域活动的规定。

企业的管理制度有广义与狭义之分，现代企业制度包括产权制度、组织制度、管理制度三大内容，所以广义的管理制度是现代企业制度的重要组成部分，它包含了现代企业经营战略、激励机制、组织机构及管理标准等。狭义的管理制度也称管理标准、规章制度，是指企业为了保障战略规划和经营目标的实现，用于规范、指导和监督企业生产经营、管理和决策等活动，按照企业决策权限和程序制定、批准发布的具有约束力的以书面形式表达的条例、规则、程序和办法的集合。其是各项管理体系、管理流程的具体表达，是保障企业运行规范、管理有序的基础，也是企业健康发展的保障。

企业管理制度不仅仅是管理者的管理手段，也是提升整个组织的效率、使每个参与者受益的关键。因此，企业管理制度的建设必然要能够协调企业的发展，同时有利于企业发展战略的实现。

（二）管理制度创新与企业价值的关系

企业管理创新是指让企业现有的管理制度在修改后符合市场经济发展的速度，提高员工工作效率，以保障企业的持续发展，增加企业经营效益。一个企业技术再先进，营销再厉害，没有好的管理也终将会因为管理盲区的存在而挽弩自射。一个企业想要真正地提高企业价值并实现价值最大化，那么最重要的就是创新企业管理制度，只有实行创新管理，这样企业才不会被市场淘汰。

1. 完善的管理制度能促进企业的长远发展

完善的管理制度促使企业能够基于长远发展角度做出惠企利企的决策，从而有助于战略目标的实现。企业应深度结合未来发展大局，不断完善管理制度，减少管理制度弊端对企业发展的障碍，适应市场发展的需要，这样才能使企业保持长期健康的发展。

2. 管理制度创新有助于提升企业的核心竞争力

落后的管理制度，造成企业产生活力不足、运行效率低下、自主

创新能力低、市场反应迟钝等问题，导致企业在市场竞争中核心优势比较薄弱，无法得到进一步的发展。而管理制度的创新，可以放大企业资本的优势，进一步提升企业生产率和效益，可以有效增强企业的核心竞争力和发展后劲，从而为企业战略成本管理提供强大的支撑。

3. 管理制度优化有利于企业价值创造

企业优化管理制度，能有效提高员工的工作热情，充分挖掘员工的潜能，促进员工创造力的发挥，从而有利于企业资源的充分利用和创新能力的提升，进而促进企业的生产效率，增加企业的价值。

（三）战略成本管理下的企业管理制度

当前国际环境风云变幻，再加上中美“贸易战”的影响，商业环境正经历着前所未有的变化，经济的不确定性大大增强，我国经济发展在迎来一定机遇的同时，也面临很多挑战。企业在重视成本管理的同时，要主动革新制度层面的思想和理念，积极树立企业制度创新思维，建立与企业战略发展相适应的制度体系，从而保证制度与战略匹配的及时性，有效保障管理目标的实现，让企业获得更大的经济效益。

1. 强化市场观念

在企业实际经营期间，参与市场竞争以及经营成本管理的主要目的是最大限度地获取经济效益，在此背景下，企业要能够从市场出发，并结合行业发展动态，摒弃以往僵化的管理制度，使用更为科学先进的思想来引领企业发展。

2. 树立动态化调整的观念

管理者要不断接触一些新的思想和新的管理方法，在符合国家法律法规的基础上，结合当下社会经济状况，前瞻性地将新的管理思想和方法与企业战略、目标定位、主营业务、管控模式等实际结合起来进行创造性的转化，在满足制度的实用性和协调性的同时实现动态调整。另外要注意，管理制度主要面向的对象是全体员工，企业管理制度的创新要发挥效用，需要在保障员工合法权益的前提下设计制度内容以及相应的激励方式。

3. 培养更多的创新型管理人才

企业管理制度的创新不是一个人来决定的，更多的是要需要企业员工的共同参与，结合企业员工共同的智慧，为此，需要做好管理团队的培训工作，打造具有创新精神的企业人才队伍，提升整体水平，形成富有活力的企业管理氛围，在确保成本管理有序开展的同时，有效降低管理问题出现的概率。

4. 借助信息化手段整合优化企业管理制度

企业管理制度创新是一个复杂的过程，在该过程中，企业管理者要学会运用现代化、智能化的方法来整合企业的管理制度，以提升管理效率。可以对现有的制度进行分析，剔除一些陈旧的管理制度。为此，企业应建立与之相匹配的信息管理制度，借助信息化资源和手段，建立企业不同部门之间的联系，促进各部门的协同发展和资源共享。

三、企业的业务流程

（一）业务流程优化介绍

1. 业务流程优化的背景及意义

（1）业务流程优化的背景。

业务流程重组（BPR）的管理新思想从1990年起在美国和其他工业化国家的企业中掀起了热潮，业务流程重组又名业务流程再造，是指利用信息技术从根本上改变企业流程以达到企业经营目标的方法性程序。由于我国企业管理基础相对薄弱，再加上BPR具有彻底性、根本性、剧烈性的特点，我国大多数企业无法实施BPR。

因此，理论界与企业界提出了易于实践的模式——业务流程优化（BPI）。不同于BPR对企业业务流程进行根本性再思考和彻底性再设计，BPI依据信息化的要求，对企业现有业务流程进行分析，保留其符合先进生产管理模式的部分，对不合理的环节进行调整、改进或重建，从而实现企业资源的优化配置，提高企业服务质量和工作效率，改善企业效益，进而形成企业的竞争优势。

（2）业务流程优化的意义。

业务流程优化并非对企业原流程系统的全盘否定，而是对企业业务流程进行系统化的改造升级以提高企业效率，这对于企业的发展至关重要。王洁（2018）在其研究中指出，低效的组织和流程设计已成为当前阻碍银行转型的主要障碍。此外，褚跃龙和王爽（2012）提出，企业业务流程优化应着眼于降低企业运行成本和提高企业运营效率，企业应不断优化和改进企业的业务流程，以提高企业的绩效和市场竞争力。另外，徐锐（2010）也指出，业务流程管理是企业管理的重要组成部分，对业务流程不断优化，能为企业的变革提供强大的支持。因此，业务流程优化是一种改进企业经营管理水平的有效手段，不断完善企业日常业务操作流程，能降低企业成本，提高企业服务水平，提升企业的运作效率。

2. 业务流程优化的概念

目前关于业务流程的概念并无统一的定义。哈默博士（1990）认为流程就是一组能够为客户创造价值的相关联的活动进程；托马斯·达文波特和詹姆斯·肖特（1990）认为流程是为特定顾客或市场提供特定产品或服务而实施的一系列精心设计的活动；约翰逊认为流程是一组将输入转化为输出的相互关联或者相互作用的活动。

综上，一般的流程定义包括以下三个方面：第一，流程包含一系列的活动。第二，流程是为一定目标而服务的，多数情况下，流程目标指的是顾客。第三，流程都有特定的输入输出，是将输入转化为输出的过程，不同的流程有着不同的转化能力。流程一般是指以顾客为导向的业务流程。

业务流程优化是一种通过梳理、改进、完善现有工作流程来保持企业竞争优势的策略，目的是降低企业成本、提高企业效率并且使企业的质量、服务和速度等取得显著改善，最大限度地适应以顾客、竞争、变化为特征的现代经营环境。流程优化的主要内容表现为在现有流程基础上，经过规划、分析并运用多种设计方法优化实施流程，即演变出新的流程，继而试行，再到正式实施，给出综合评价和反馈，根据反馈再次合理优化，不断迭代循环，使流程可以在对周围环境产生最低干扰的情况下运转，运行得更为流畅、高效。

（二）业务流程优化的思路

业务流程优化可以分为四个阶段：策划阶段、现状研讨阶段、优化方案设计阶段、保障实施阶段。

（1）策划阶段：作为第一阶段，首先要对整个流程的所有环节进行诊断评估，发现现有流程中存在的问题，找到优化的切入点，这样才能对整体的优化提供大方向。对企业业务流程的分析诊断可以通过会议、问卷调查或访谈的方式进行，然后对通过会议、问卷调查及访谈所获取的资料进行汇总、分类整理，形成一个清晰的问题列表。

（2）现状研讨阶段：由流程责任人召集，以策划阶段形成的资料为基础，以研讨会形式来沟通了解流程现状，识别现有流程存在的问题，如分析流程中是否存在重叠的环节，能否简化流程中的形式，客户、供应商等能否集成以及是否可以用自动化手段来实现流程中的数据收集、数据传输、数据分析及一些乏味的工作等，进而形成现状流程图和文件，提出流程优化的基本思路。

（3）优化方案设计阶段：在上一阶段总结出的问题的基础

上，识别流程优化点，根据流程优化方法，改善原有流程或者重新设计新的流程。主要从识别有效性、优化时间、优化控制三个角度出发，如识别流程背后的假设，判断该流程或流程步骤是否有存在的必要性，将内部那些可以合并的重复环节进行合并或者取消重复审批的环节等；通过优化使新流程具有工作效率提高、成本降低、满足客户需求、提高员工满意度等特点。

（4）保障实施阶段：这一阶段企业要根据流程优化的方案采取相关措施来确保流程的正常运转。如调整企业组织结构，因为不合适的组织结构会导致企业管控不力，影响运营效率；还有对新业务流程制定培训计划并对员工进行培训等。另外，企业要随时或定期进行流程的调整与完善，从而保证企业的长远发展，因为流程优化工作从来都不是一次成型的，而是一个持续优化的过程，所以在新流程正式运行一段时间后，需要对流程运行情况进行考核，使流程优化成为一种持续的过程。企业业务流程优化思路图如图6.5所示。

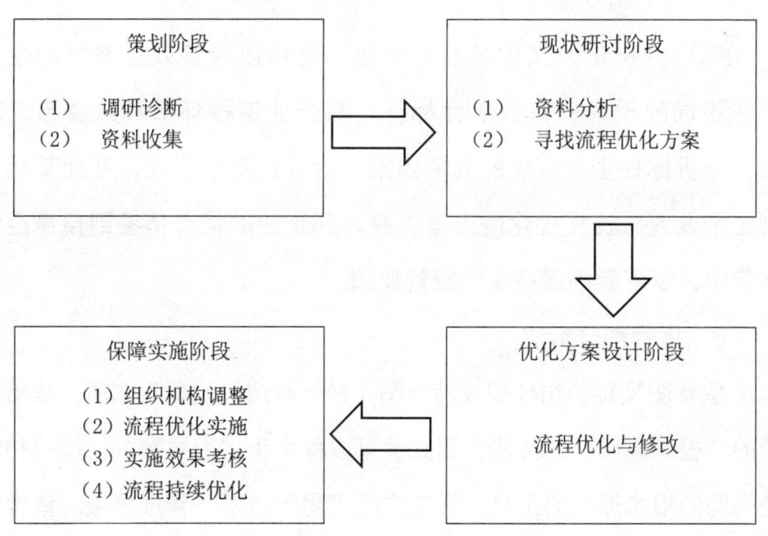

图6.5　企业业务流程优化思路图

（三）业务流程优化的主要方法

企业业务流程优化主要有两种方法：系统化改造和全新设计。其中，系统化改造法是指以企业现有业务流程为基础，分析其中存在的问题，进而提出流程优化方案；而全新设计法即彻底的流程再造，基于企业要达到的目标，重新设计企业的业务流程。企业在进行流程优化时，应根据企业能力和外部环境，选择适合自身的业务流程优化方案。企业业务流程优化具体操作工具和方法如下：

1. 价值链分析法

价值链分析法是确定企业核心竞争力的重要工具，是指在价值链的指导之下对企业业务流程进行分析，将企业的业务活动进行分类，从而找到影响企业价值的关键流程并进行优化改造，与之相关的辅助性活动也要进行改良，并取消对价值增值没有贡献的活动，从而实现企业资源的优化配置，提升企业的运作效率，进而提高企业的价值。

2. 标杆分析法

标杆分析法，又称基准分析法，是指以经营效益最好的企业（并不局限于同一行业）为标杆，将企业流程环节和效益与之对比，分析标杆企业成功的关键因素，查找自身的不足，在此基础上制定企业业务流程优化的方案，将外部企业的优点借鉴到自身经营环节中，以不断地提高企业经营业绩。

3. 鱼骨图分析法

鱼骨图又称为树枝图或特性图，是一种透过现象看本质，找出问题的“根本原因”的方法，因此也可以称之为“因果图”，是一种发现问题的根本原因的工具，现被广泛应用于技术、管理领域。鱼骨图分析法将复杂的系统问题分解成具体的可操作性问题，显示各部分的关联关系，寻找问题的根本性原因，并帮助寻找可行性的解决办法。

4. ECRS分析法

ECRS分析法，即取消（eliminate）、合并（combine）、重排（rearrange）、简化（simplify）。

E（eliminate）取消：我们能否取消这项工作，取消后有什么影响。完成这项工作能不能为企业产生价值，产生什么价值。

C（combine）合并：您能否将不同的流程/操作组合为一个流程，或者单独完成拆分的工作？我们需要一个从零开始考虑角色的观点。当一个人完成所有工作以产生输出时，思考谁是最有效率的。

R（rearrange）重排：是否应该交换流程订单或工作订单。从整体优化的角度来看，应该将业务转移到自己的部门还是其他部门。

S（simplify）简化：我们不能以更简单的方式做到这一点，还是我们可以使用工具来简化操作以有效地工作？

在这种方法下，企业首先考虑该项工作有没有取消的可能性，这是改进的最高原则；如果不能全部或部分取消，可以将不同部门间的重复的工作合并在一个操作流程里，从而提高工作效率，降低成本；经过取消、合并后，可以重排工作程序，改变组合工作的先后顺序；最后对经过重排后保留的必要工作进行内容和步骤上的简化，缩短流程时间，提高企业效益。

（四）业务流程优化与战略成本管理的作用机理研究

1. 战略成本管理产生业务流程优化的动机

战略成本管理是基于战略思维，对企业的整个价值链进行管理以达到成本最优、企业持续发展的目的，而企业持续发展的战略需求正是企业业务流程优化的内在动力。业务流程优化依据企业战略发展规划，以满足消费者需求为导向，对企业内外部各种生产活动进行设计、改善，不断优化企业的价值链，致力于促进企业核心竞争力的形成，实现企业的可持续发展。

2. 战略成本管理有助于业务流程优化效果的评价

战略成本管理从全局出发，考虑企业未来发展方向，依据市场环境变化进行企业成本管理的动态调控。战略成本管理可以为企业及时反馈作业、流程等方面的成本信息，让企业可以快速采取相应措施进行调整。同时，战略成本管理为业务流程优化的效果提供了现实可行的定量分析标准，从而有助于企业评价业务流程优化后的效果，进而做出下一步决策。

3. 企业优化业务流程，能有效降低企业运营成本

业务流程优化是为了达到企业价值增值的目标，是对企业的内外部业务流程进行优化的过程。企业对内部业务流程优化，一方面可以提高生产效率，实现资源的优化配置，减少不必要的消耗；另一方面能完善企业的组织结构，消除无效的中层管理者，降低管理成本，提高信息传递效率，减少沟通成本。企业对外部业务流程优化，能降低获取供货商和消费者等市场主体的信息成本，进而降低企业的外部交易成本，从而实现对企业上下游的整条价值链的优化。业务流程优化实现了对成本的控制，将成本管理理念渗透到企业的管理过程中，达到企业战略与发展的动态平衡。

4. 业务流程优化能提升企业的核心竞争力

企业通过对业务流程优化，有效实现了对成本的管理，提高了企业的绩效。同时也使得企业的组织结构进一步完善，提高了企业的运行效率。此外，由于业务流程优化是基于信息化的需求，能够使企业充分应用信息化技术，缩短对市场的响应时间，更好地应对市场的变化。这些都使得企业的核心竞争力得到进一步的提升，有利于企业的长远发展。

第二节　案例分析

一、同股同权的改变：阿里巴巴双重股权设计

（一）公司简介

阿里巴巴集团（以下简称阿里巴巴）由马云及其初创团队共计18位创始人于1999年在浙江杭州成立，注册地点为开曼群岛。阿里巴巴业务包括核心商业、云计算、数字媒体及娱乐以及创新业务，为商家及其他企业提供技术基础设施以及营销平台，帮助企业借助新技术的力量与用户和客户进行互动。2014年9月19日，阿里巴巴在纽约证券交易所正式上市。

（二）双重股权设计背景

2005年，雅虎向阿里巴巴投资10亿美元并提供其中国业务，兑换了阿里巴巴39%的股份以及35%的投票权。经过此次融资，马云团队持股比例为31.7%，而雅虎却持股39%，马云团队不再是阿里巴巴的第一大股东，创始人团队的控制权开始受到威胁。自此，马云团队开始重视融资对控制权稀释的影响，这为合伙人制度的出现埋下伏笔。2013年9月10日，阿里巴巴正式向外界公开了“合伙人制度”。

（三）阿里巴巴的合伙人制度

1. 合伙人制度创立历程

马云认为，“合伙人作为公司的运营者、业务的建设者、文化的传承者，同时又是股东，最有可能坚持公司的使命和长期利益，为客户、员工和股东创造长期价值”，所以，2010年，阿里巴巴开始尝试合伙人制度，马云团队辞去“创始人”身份，获得了“合伙人”资格。经过几年的运行，阿里巴巴于2013年周年庆时“高调”宣布合伙人制度的建立。2014年，阿里巴巴公开招股说明书，对合

伙人制度做出了详尽的披露。

合伙人制度是马云团队对股权结构的创新，这里的“合伙人”不同于法律上的合伙人，是指认同集团价值文化，一起创业打天下的人。合伙人制度建立的不是一个利益集团，更不是为了更好控制集团的权力机构，而是集团的内在动力机制。

2．合伙人制度作用机制

在合伙人制度下，阿里巴巴组织中主要有四种重要的机构：合伙人委员会、合伙人、董事会以及股东大会。

（1）合伙人委员会。

合伙人委员会是合伙人制度的核心，必须至少包含五名成员，每一届任期三年，可以连选连任。合伙人委员会主要有两项核心职能：合伙人的选举工作以及提议和执行高管年度奖金池分配。阿里巴巴只要提名董事必须经过合伙人委员会表决，也就是说合伙人委员会同意的人才能当董事，合伙人委员会不同意的人不能当。

（2）合伙人。

阿里巴巴合伙人任职资格最重要的客观因素就是为集团或密切关联公司工作五年以上及拥有阿里巴巴的股份，其余的大多为主观因素，比如为人正直、愿为公司价值观竭尽全力等。符合上述条件的候选人，由现有合伙人向合伙委员会提名。新合伙人的选举一年一次，现有合伙人一人一票，需要获得75%以上票数后，才能被选为新的合伙人。其中有两种特殊身份的合伙人：荣誉合伙人与永久合伙人。荣誉合伙人无法行使合伙人的权利，但能得到奖金池的部分分配。永久合伙人将一直作为合伙人，直到自己选择退休、死亡、丧失行为能力或被选举除名。马云为永久合伙人。

合伙人拥有资金分配权和董事提名权，其中董事提名权是阿里巴巴合伙人的核心权利。董事会的多数成员由阿里巴巴合伙人提

名，并且经提名后的董事候选人，由股东大会过半数通过。如果合伙人提名的董事未获得股东大会选举通过，或者该被提名人离开董事会，阿里巴巴有权另外任命一人为临时董事，直至下一届股东大会召开。

（3）董事会。

阿里巴巴董事会成员的提名权由三部分组成：合伙人提名、软银提名、公司治理委员会提名。其中，合伙人提名已在前文中叙述，合伙人能提名董事会超半数的候选人；而软银在持股达到15%以上的情况下，拥有一席董事提名权。按以上顺序后，若董事会选举仍有剩余名额，董事提名委员会与公司治理委员会有权决定参与董事会成员的选举。

（4）股东大会。

股东大会是集团最重要的权力机构，对集团重大事项做出决策。股东大会拥有任命董事的权力，但任命权主要由阿里巴巴合伙人提出。

3．合伙人制度对创始人的保护

董事会作为集团内重要的组织机构，决定着一项决策能否通过，其管理的有效性决定着控制权的强弱。合伙人制度就是通过合伙人实现对董事会的把控，利用合伙人的权限对创始人进行保护。

在选拔合伙人时，马云作为永久合伙人，在合伙人委员会中居于核心地位，对合伙人的选举监督把关，在合伙人选举中有领袖的作用，从而选出认同创始人价值观的合伙人。在提名董事时，一方面，合伙人拥有提名大部分董事的权力；另一方面，阿里巴巴与集团的两大股东软银和雅虎签署了一项投票协议，软银和雅虎同意在每年股东大会上投票赞成阿里巴巴合伙人提名的董事候选人。只要软银和雅虎仍是大股东，阿里巴巴合伙人提名的董事将在任何一次会议上获得多数票，并将当选为董事。

为了保证合伙人权利的持续有效，阿里巴巴还规定，如果要修改章程中关于合伙人提名权和相关条款，必须获得出席股东大会的股东所持表决票数95%以上通过方可。因此，只要创始人团队持股达5%，则其他股东都无法修改合伙人制度，合伙人的董事提名权则能一直保持。

综上，阿里巴巴的合伙人制度使合伙人拥有超越股东的董事提名权和任免权，即便持有很少的股份，也能通过对董事的把控，达到控制公司的目的。在合伙人制度下，股东完全脱离了对公司的控制，再多融资也不会影响创始人的控制权，从而实现了对创始人的保护。

（四）阿里巴巴双重股权设计的必要性

1. 合伙人制度有助于企业战略目标的实现

创始人团队是企业的创立者，对企业有一定的感情，因而在制定决策时，会更注重促使企业的长远发展，重视提升企业价值。在合伙人制度下，创始人始终掌握控制权，从而保证经营理念得以贯彻，企业文化得以传承，企业得以长久发展。而外部投资者往往是从自身利益出发，获取高额的投资回报，所以更偏向短期利益，容易因短视的行为给企业带来巨大的损失。

2. 合伙人制度有利于提高决策效率，促进企业的运营

通过股权融资，公司控制权势必会被稀释。随着股权的分散，股东的增加，企业的决策权会更加分散，必然导致企业决策效率的降低，从而对企业的发展造成阻碍，合伙人制度能保证创始人团队始终掌握公司控制权，形成组织管理的核心能力面对外部市场变化，能及时做出决策并调整企业的策略，有利于企业的良好发展，保证战略目标的实现，对企业的价值提升具有积极的作用。如下图，阿里巴巴在2014年上市后，其营业收入、营业利润、资产总额

都呈增长的趋势，企业在不断发展，间接表明了在合伙人制度下，创始人团队拥有绝对控制权，不用担心经营理念被改变，从而做出有益于企业发展的决策，指明企业正确的发展方向，提高企业的运营效率，提升企业的价值。

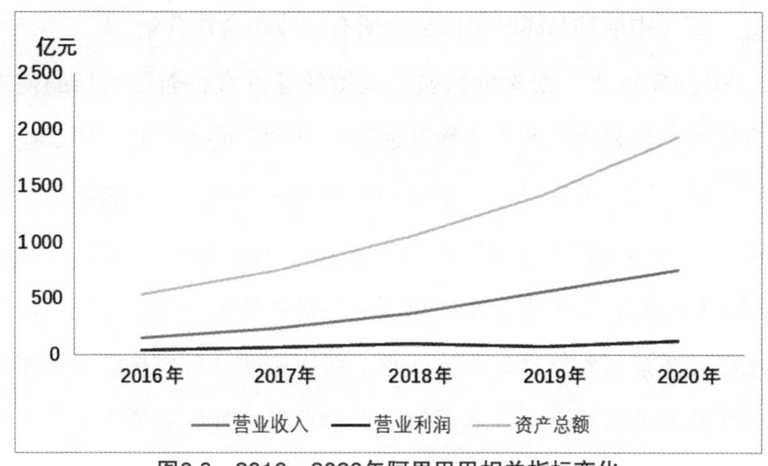

图6.6　2016—2020年阿里巴巴相关指标变化

3．使企业始终保持竞争力

阿里巴巴作为互联网企业，其竞争力并不在于物质优势，而是在于马云团队独特的经营理念、企业文化以及核心技术等。推行合伙人制度，保证创始人团队的话语权，能更好地实施其战略思想，从而使企业始终保持竞争优势，促进企业的长远发展。

二、国有企业混合所有制改革——以中航油为例

（一）公司简介

1．中航油

中航油是以原中国航空油料总公司为基础组建的国有大型航空运输服务保障企业，经营领域主要包括航油业务、油化贸易业务、物流业务以及国际业务四大业务板块，旗下有8家全资子公司、3家控股和10家参股的海内外企业。

2. 泽胜集团

泽胜集团是由1995年建立的重庆泽胜投资集团有限公司发展而来的综合性民营企业，涉及物流业、制造业、金融业、地产业、旅游业五大产业板块，旗下有14家全资子公司、8家控股和1家参股公司。

（二）中航油与泽胜集团混合所有制改革合作背景

2008年以来，西南地区航空运输快速发展，航空油料的需求急剧增长，但是由于西南本地区油料生产供应能力有限，导致航空油料严重不足，所需航油大量依赖中部地区的供应。中航油作为西南地区航油的主要供应商，为了保证其水路运输能力，曾打算独资组建运输公司，但是由于水路航运并不是中航油的主营业务，因而面临着诸多运营和管理方面的问题，所以中航油考虑将航油运输业务外包给其他航运企业。然而航油运输业务的外包会产生一个新问题，就是不能对航运业务进行直接控制和管理，这可能会导致航油资源配置效率低下，而且存在潜在的安全隐患。

泽胜集团在长江流域从事了多年航油等危险化学品运输业务，中航油可以借助泽胜集团灵活的机制，以及在运输市场上强势的竞争力，解决其长江流域航空油料运输的问题。同时，作为民营企业的泽胜集团面临着资金、管理规范化等各方面的问题，与中航油合作能很好地解决这些问题。

（三）中航油与泽胜集团的混合所有制改革路径

2008年10月，中航油的子公司中国航油集团物流有限公司与泽胜集团旗下船务公司合资成立了泽胜船务有限公司。在泽胜船务有限公司的出资情况和股权安排上，中航油和泽胜集团协商后推出了各占50%的混合模式的股权安排，其中中航油出资1.67亿元，泽胜集团则以实物出资，含29艘船、8.5万吨运力。

合资新公司在股东会、董事会、监事会以及管理层四个层次

做出了安排：董事会共设置7人，中航油提名4人，包括一名董事长，泽胜集团提名3人，包括一名副董事长；监事会共由3人组成，中航油提名一人为监事会主席，泽胜集团提名一人，另一名为职工监事；在公司的经营管理层面上，总经理、两名副总以及安全总监由泽胜集团提名，而中航油提名一名副总和财务总监。一方控制董事会，一方控制经营层，以及“重大事项必须事先协商一致”的章程，在公司层面形成了彼此激励制衡的情形。之后，在泽胜船务有限公司运营取得成功的基础上，双方又以相同的股权比例合资组建了重庆泽胜船舶洗舱公司和中航油石油公司。

（四）混合所有制改革效果分析

1. 相等的股权比例促使双方更好地合作

中航油与泽胜集团双方各占50%的创新性股权结构解决了困扰国有企业和民营企业合作中的一个重大难题——股权比例安排。如果国有企业处于绝对控股地位，民营企业在经营管理上就会失去话语权，这对民营企业来说是不利的，他们也不会愿意参与进来。但是国有企业出于政治上的考虑也不愿意将控制权交出，况且考虑到国有资本流失的可能性，让民营企业处于主导地位也存在很大风险。中航油与泽胜集团都意识到这一问题的存在，所以为了达成合作，推出了双方各占50%的股权结构安排。这一双方制衡的股权安排既解决了民营企业话语权的问题，又解决了国有资本可能流失的问题，同时使双方利益处于均衡状态，有利于企业良好运转。

2. 分层次、分业务的合作有利于双方更好地融合

中航油的规模庞大、业务复杂，而泽胜集团规模小、业务简单，双方力量悬殊。如果此次混改在这两者之间展开，在规模匹配、业务合作、经营目标和理念等方面必然会产生很多问题，而这种子公司间的合作使得上述很多问题迎刃而解，双方能够达到真正

意义上的融合。而且，尽管中航油和泽胜集团的经营领域很广，但此次合作仅在运输业务上展开，这也表明在混改合作中要分业务进行合作，不能简单地全方面推行。同时，我们可以看到，混合所有制改革是在2013年十八届三中全会重新赋予新意后提出的，而中航油与泽胜集团的合作早在2008年就已经开始，这表明企业不是为了顺应趋势进行的改革，不是“为改而改”，而是源自双方经营业务发展的需要。

3. 混改合作实现了双方共赢

泽胜船务有限公司自成立以来，已成为长江石化运输领域的标杆企业。中航油在合作中不仅获得了利润增长，而且加强了对航运的监管和运输质量安全的控制，降低了航油运输的风险，有效地缓解了西南地区航油供应不足的问题。对泽胜集团而言，此次合作不仅解决了资金方面的问题，而且引入了中航油先进的管理团队和管理理念，使企业的效率和效益都得到提升。

（五）公司实际控制权的进一步讨论及反思

中航油与泽胜集团推行的双方各占50%的股权结构安排，被认为是“相近持股比”的一种极端情况。早在20世纪90年代末，Pagano和Roell就对这种股权结构进行过研究，认为这种制衡的股权结构能够对经理层进行监督，同时这种监督作用能够有效降低控制权的私人收益。尽管还有很多研究表明这种相近的持股比有利于公司业绩增长和价值增加，但是实际情况也不尽然。中国民营上市公司宏智科技股东间激烈的控制权之争，表明相近的持股比并没有表现出上述优势，并不会比一股独大的股权安排更有优势。

中航油与泽胜集团对等股权结构的合作之所以能取得成功，一方面是因为泽胜船务有限公司是合资企业，双方各占50%的股权结

构安排使得任何一方都不具有获取控制权私人收益的能力，相互监督的机制限制了管理者的自由量裁权。这不同于宏智科技的大股东相近的持股比，因为即使是大股东之间持股比例相近，仍然会存在公司控制权的争夺。另一方面此次混改更是将股权结构安排和公司治理结合起来，一方控制董事会，一方控制经理层，使得公司的权利达到一个相互制衡的状态，保证了公平性，所以能够起到激励的作用。

但是，这样的股权结构也是存在隐患的，即当双方针对一项决策无法达成一致意见时，由于双方权力相当，以及公司“重大事项必须事先协商一致”的章程会使企业不能快速做出决策，有可能错失重要的发展和成长机会。

三、海尔业务流程再造——基于自主经营体创新视角

（一）公司简介

海尔集团（以下简称“海尔”）于1984年在青岛成立，拥有三家上市公司。海尔是全球领先的整套家电解决方案提供商和虚实融合通路商，经营范围包括家用电器、电子产品、通信器材、电子计算机及配件、普通机械、厨房用具、工业用机器人制造等。截至2021年1月，海尔成功孵化了5家独角兽企业和32家瞪羚企业，在全球构建了“10+N”创新生态体系，设立了28个工业园、122个制造中心和24万个销售网络，深入全球160个国家和地区，服务全球“10亿+”用户家庭，是集设计、生产、营销三位一体布局的多元化集团。

（二）海尔自主经营体概念及创新背景

自主经营体是指在契约关系下，为及时满足顾客需求，共享创造价值的自主组织。通俗来讲，就是将企业划分为若干小的组织

单元，并赋予这些组织经营权、决策权和分配权，使他们自主经营，从而激发员工活力，提高员工自主能动性。海尔从创业开始就一直积极探索建立自主经营体制度，希望让员工去创造价值，使企业成为自主组织。自主经营体制度使海尔不断完善业务流程和组织结构，从而快速响应客户需求，进而提升企业绩效，提高企业竞争力。

2001年，中国加入了世界贸易组织，这虽然为中国企业提供了更多展示自己的机会，但也使得国内市场更加自由，企业竞争也更加激烈。为了集团的持续发展，海尔决定从大规模制造转向大规模定制生产。为了达成这一目标，海尔创新自主经营体制度，克服原有OEC管理法下出现的职能机构重复设置、组织结构膨胀、各产品事业部彼此独立、市场活动无法协同等问题，从自身全产业链流程入手进行流程再造，重心由简单的对价格的控制转到对企业价值的提升，提出了市场链的自主经营体理论，进入以自主经营体机制衔接企业内部上下游阶段。

（三）创新后的自主经营体与制度框架

海尔自主经营体制度进入第二阶段后，其设计思路是让每个业务单元都变成市场中的交易主体，并力图把每个员工也都推向市场，直接参与市场竞争与经营。此时，自主经营体的建立与企业的经营目标紧密相连，并不是每一员工都一定是自主经营体，主要是指关键岗位的员工，如产品经理、型号经理、采购经理、客户经理、制造经理、售后经理以及主要的业务流程环节负责人。自主经营体类型有纵向和横向两种，纵向的包括BU、PL的产品线、工厂、车间、班组；横向的以项目来贯穿，是一个价值创造中心，可以单独进行绩效考评。

作为制度体系，创新后的海尔自主经营体系统包括横纵两条

线，纵向的由战略/决策支持系统、管理控制系统、责任考评系统和绩效管理系统四个部分组成，落实管理会计的四项职能，即战略预算管理、成本管理、责任会计和绩效管理；横向是建立在作业链管理的基础上的，包括产品研发、采购、生产、分销和售后服务，帮助海尔实现流程再造，通过作业流程的改善完成价值的提升，从而使海尔的流程再造保持常态，适时按照市场的要求进行调整。

（四）创新后自主经营体制度的实施

1. 组织结构的无边界创新

市场链机制下的自主经营体，将企业部门和部门之间的“墙”推倒，把职能关系变成市场关系，使组织结构扁平化，把市场中的利益调节机制引入企业内部，把企业内部的管理和业务关系由原来的行政机制转变成买卖、服务和契约关系，把每个人从被管理者变为一个经营者，自主经营和各负其责。各战略单元还根据自己的市场定位成立一个个项目组，再按项目打破部门界限签订合同，组建“无边界团队”，以有利于企业价值创造。

2. 以“人单合一”与“市场链”构造充分授权的战略执行机制

海尔的“人单合一”模式，将集团的战略有效地贯彻到每一个战略单元和每一个作业流程中。其中，“人”就是“自主创新的战略单元”，“单”就是“有第一竞争力的市场目标”。人要与市场合一，成为创造市场的自主经营体。每一个自主创新的人都拥有“单”，每个“单”都有人负责，其核心是全员增值和自我驱动。海尔大力推行“市场链”，以订单信息流为中心，带动物流和资金流的快速运行，实施用户零距离、零库存、零营运资本“三零”目标的流程再造。在海尔生产一线，科研开发和职能中心，都要实行市场链。比如为“创造订单第一竞争力”的开发团队，海尔各产品部的型号经理都被授予了定量、定价，定时、定人“四权”，要求模块经理负责“四新”（新材料、新技术、新工艺和新设备）的应用等，型号经理及其项目团队的收益与所开发的市场效果完全挂钩，并对产品设计的质量终身负责。

3. 精细化的经营规划与T预算模式

市场链下的自主经营体主要是根据公司总体预算分解或根据有竞争力的目标而设定预算，并体现在各自的预计损益表中。这张损益表的特殊性：首先自主经营体损益表是含有各产品或项目的损益预算，量化每个产品或项目的绩效，包括在市场的影响力和创造价值能力；其次为协调各自主经营体的目标，要规划集团需要提供什么资源和提供多少资源。海尔的T预算制度有两层含义：一是指按照T模式预算规定的时间进度开展各自或者相互合作的开发与设计工作。在集团研发推进本部的协调与指导下，各产品本部自主经营体根据所开发的产品特点，各自制定“T-360”（一年滚动预算）、“T-180”（半年预算）、“T-90”（季度预算）的流程规范。这种交叉展开的T预算制度，使得包括型号企划经理、型号经理和模块经理在内的项目团队广泛参与产品开发战略构想与商品企划，达成了战略目标、市场、技术创新与预算支持的有机结合（王风彬，2008）。二是自主经营体预算的保障制度是T模式，T模式是实现有竞争力的市场目标的预算体系，即将集团创造订单、获取订单、执行订单的全流程分为13个节点，以按单生产的“T日”为推进预算的出发点而两端推进，“T-”是对“T”的目标的支撑，“T+”是对“T日”目标的提升。如产品开发经理作为一个自主经营体，在设计产品之前，先要确定评审该产品的盈利预算，并建立型号损益表跟踪该产品的盈利情况，从立项开始一直到产品推出市场。产品开发经理的报酬与所开发型号的盈利情况挂钩。同一个型号产品的开发可能由几个开发团队同时进行，最终决定由哪个团队开发是一个竞标的结果，即取决于在产品利润、成本、上市时间、质量等方面最具竞争力的结果。

4. 把信息系统与经营效果兑现表示为战略执行的沟通平台

海尔一直重视信息系统的建设，所有的终端都在同一操作平台上进行操作，通过信息系统实现不同的自主经营体界面和反映不同的信息。海尔将公司的利润中心与成本中心归纳为业务主流程和支持流程，针对这两个流程，分别建立了业务主流程损益表和支持流程损益表。从2008年起自主经营体损益表改为“人单酬账户”，主要包括损益账户（提成收入、成本、利润等）、资产账户（挣费用、化费用、超支结余）和现金流账户（期初库存、采购、销售、期末库存）。这几个账户，相当于将企业的损益表、资产负债表和现金流量表分解整合为每个自主经营体的简化报表。

5. 以“挣够市场费用”作为考评与激励制度的核心

海尔企业内部自主经营体绩效考评的理念是“留足企业利润、挣够市场费用、盈亏都归自己”。即自主经营体薪酬=基本工资+自主经营体利润x提成系数。自主经营体利润是各自主经营体的毛利减去可控成本费用项目的余额。留足企业利润指首先要给公司创造利润和价值；挣够市场费用指将资源和支出作为自主经营体的资源或负债；盈亏都归自己指自主经营体将自身作为经营者实现最优的投入产出。各个层次的自主经营体信息不同，考核的指标也不同，自主经营体的负责人的关键技术指标一般不超过4个，主要是效率、质量、成本等维度。自主经营体的绩效考评强调基于市场和战略，挖掘市场资源，最终实现价、利、量全面优化。通过这种基于市场效果的考核方法，市场经理在获取客户订单时要评审订单准确性，产品经理在接受订单时也要结合库存进行分析，当然这只是部分指标，还有产品盈利情况、交货速度、质量等。

（五）自主经营体创新后的战略成本分析

1. 优化了企业组织结构，提高了内部流程效率

海尔业务流程再造，完善了组织结构，使得企业各项工作能够在市场链上有效互动和运行。海尔组织结构的扁平化一方面打破了部门的边界，将分割的资源重新整合起来，加快信息的交流与传递；另一方面，海尔加强内部价值链的管理，使各部门保持目标一致，提高了企业管理效率。海尔业务流程再造后，内部流程效率有效提升。

2. 实现了成本的有效管理，提高了企业的绩效

海尔组织结构的完善，提高了企业的管理效率，降低了组织成本。此外，海尔的业务模式不再是“以产定销”，而是以订单为核心，与顾客零距离，不再需要库存，一方面减少了库存的储存和管理成本，另一方面也减少积压浪费。同时，海尔集中采购，利用规模优势，减少采购成本，整体使得企业物流成本降低。另外，海尔全方位的营销网络，可以使企业获得来自世界各地的用户资源，大幅度降低了企业的营销成本。

3. 运用信息化技术，更好地应对市场变化

海尔对业务流程再造，构建了信息化交流平台，将企业的信息化技术与企业业务完美地融合在一起，使企业能够根据市场变化快速做出反应，从而加快企业战略目标的实现。海尔运用信息化技术，提高了企业采购材料和配送产品的效率，加快了产品配送周转率，减少了货物的停滞量。海尔集团利用信息技术实现了与顾客的零距离连接，为企业的定制化生产和柔性生产提供了机遇。

（六）海尔自主经营体制度的创新

1. 自主经营体制度创新就是把战略转化为业务实践，使战略转化为员工的日常工作，并成为一个连续的过程

海尔的流程再造就是把每个员工经营成自主经营体，自主经营体有四个构成要素：市场目标（以速度体现的市场竞争力，创造用户资源）、市场订单（以创造有价值的订单，实现市场目标）、市场效果（以订单执行到位创造出用户满意度的量化数据，并由企业信息化系统显示）、市场报酬（自己创造的市场增值部分在收入中的体现，并能对市场目标的再提高产生作用）。各个自主经营体被责成对内容不尽相同的“价、利、量”指标负责，形成了全员自主经营的局面。海尔自主经营体制度融合了各级组织与员工的权责关系，同时多层次和多形式的自主经营体把战略“执行”问题“一竿子”捅到底，实现了远景、战略、资源分配从公司顶部向下流动；执行、创新、反馈及学习从前方和后方向上回流（Kaplan & Norton，2001）。

2. 自主经营体制度创新是对利润中心制度的扬弃，是整合扁平化管理和弹性化组织的管理控制系统

20世纪90年代中期，海尔集团曾推行了“事业部制”的组织结构，集团由总部、事业本部、事业部、分厂四层次组成，分别承担战略决策和投资中心、专业化经营发展中心、利润中心、成本中心职能。这其实仍然沿袭了传统金字塔组织结构下由各业务单元、个别产品单兵作战的运作模式，始终还是以权利分层、以职能分部的组织结构。由于环境的复杂性及波动性加剧，传统的职能科层组织形式已不能满足企业竞争的需要，迫切需要以流程基础组织来取代，形成流程企业。构建更有效、更扁平、更动态的组织结构成为摆在每个大型企业面前的重大课题。海尔从自主经营体角度，促进企业业务流程再造，优化了企业的组织结构。

另外，由“利润中心”到“自主经营体”模式的细化，使得集团的一切组织工作均围绕着“战略”展开，这与钱德勒的“以战

略决定组织”的思想不谋而合。推行利润中心的最大不利因素是，如果没有有效的战略控制，会导致公司目标分散，形成各利润中心“诸侯割据”的局面。而创新后的自主经营体使每个业务单位保持相互协调，从而获得与战略相匹配的利益，提高了既相互分离又具有相互关联的业务单位之间的凝聚力和相互协作，有助于把公司资源分配到最有成长潜力和盈利能力的部门。

3. 海尔创新自主经营体，实行“市场链"制度，是对ICM（内部资本市场）概念的提升，把ICM的内部资源要素扩展到内部“商品交易实体”和“人力资源”方面，扎实了ICM效率提升的根基

依据内部资本市场（Intermal Capital Markets，ICM）理论，大企业通过ICM来进行投融资，既能节省信息成本、规避财务风险，还能实现规模经营效益。ICM运作的方式主要有：集团内部的借贷；集团内部属于资本配置、资金有偿调剂等服务往来；集团内资产、股权计价流动；以内部转移价格进行集团内部之间的产品交易与有偿服务等。海尔在改进自主经营体制度的过程中，实现了ICM的有效构建与运作。海尔把原来分属于每个事业部的营销、采购、财务全部分离出来，整合成立了商流、海外物流和资金流推进本部，实现海尔的统一营销、采购、资金结算与财务管理。例如整合成立的海尔资金流推进本部，将原来隶属于集团内部各单位分散的财务人员、资金、财务信息平台等资源进行优化整合，由资金流推进本部统一管理，从源头上解决原来各财务部门之间相互割裂的问题，实现了现金流的一体化和财务资源的集成共享，解决了原先各单位擅自对银行进行担保等问题。资金流推进本部成为海尔进入国际化战略阶段的财务“集成芯片”。海尔不仅把“资金流”作为ICM的交易对象，还把财务部门作为一类自主经营体，对财务人员也视同一种“资本”，定义为ICM的经营对象。海尔自主经营体制

度的创新，丰富了传统集团内部市场的内涵，把ICM的内部资源要素扩展到内部“商品交易的实体”和人力资源等方面，促进了内部资本市场的“实体化”实现。

4. 海尔自主经营体制度创新实现了经营控制与财务控制的融合，是个整合型的管理控制系统

战略管理是一个持续的过程，管理控制系统（MCS）应包括下列活动：战略计划、预算、执行和业绩衡量。同时这些活动需要构成一个封闭式的环状结构（Anthony Atkinson，Alan Webb，2004）。海尔“人单合一”“市场链”“T模式”“自主经营体损益表”和“日清”等管理要素整合在一起，正好就是一个标准的“封闭式的环状结构”。另外，根据现有MCS理论研究结论，不同战略下的MCS特征是不同的。比如对于实施不相关多元化的公司采用以下管理方法：①关注通过预算对各事业部的相关控制。②是否能达到预算是很重要的。③高度关注转移价格的设计与确定，并且主要采用市场定价。④员工奖金标准主要为财务标准，即基于各事业部的财务绩效。⑤奖金确定主要依据事先确定的公式计算（罗伯特.安东尼，2004）。整合管理控制系统要求经营控制和财务控制的交互作用，经营控制是从流程改进、作业完成效率方面考虑的，而财务控制则强调通过衡量和评价财务成果来关注集团财务上是否成功（Anthony Atkinson，Alan Webb，2004）。很明显海尔自主经营体制度的基本要点与这些理论要求十分吻合。

5. 自主经营体制度创新随集团战略及流程的变革而变化

2007年4月开始，海尔集团实施了一场低调的大规模的组织和业务流程再造，根据白电和黑电等各类产品线的运营模式的不同，重新划分为白电、数字及个人产品等6个子集团。大部分子集团自身拥有从研发、供应到生产、销售的完整功能，形成完整的价值链体系。海

尔这次架构调整，继续遵循“人单合一”的思想，把产、供、销划分的横向切割模式，改变为按不同产品线划分的纵向切割模式，旨在持续增强产品的协同性、降低内部成本、提高对外竞争能力。

（七）海尔自主经营体的持续改进之路

1. 多元化的集团战略与“追求个性”的业务单元战略的博弈

从战略分类来看，在一个多元化的集团企业中存在三种不同层次的战略类型，即公司层面战略、业务单元战略和产品或职能战略。集团的最高决策层应集中精力于公司层面战略的决策上，不应该把眼光局限于生产经营和常规管理上。但针对海尔自主经营体制度，这里有三大问题：第一，包括自主经营体在内的管理控制系统是战略实施系统，战略是管理控制的起点和标准。集团层面对战略规划的关注和管理控制系统的关注应该有程度上的差异，不能主次倒置；第二，依据上述战略的三层面，考虑到海尔集团现状，“人单合一”应为“分层”安排，不能实施扁平化，更不能推行“市场链”，也就是说对于（集团）公司层面战略和各自主经营体的战略应该是“集团总部”的“单”，各自主经营体的“单”应该限于“产品或职能战略”层面；第三，有研究结果表明“差异化战略的自主经营体增加分权会从正面影响其业绩，但是成本领先战略的自主经营体增加分权会从负面影响其业绩”（Covindarajan.1986）。因此，对于多元化经营的海尔集团对各类型自主经营体应该采用差异化的管理体制，目前“整齐划一”自主经营体的管理思路可能需要“差异化”改造。换言之，打造战略规划强势总部，使其成为各自主经营体的最佳战略总部，谋求母合优势，可能是海尔自主经营体制度持续改进的重点。

2. 分权化组织与整合管理的平衡

海尔自主经营体制度中有个著名的“SST”机制，即“索

酬”“索赔”和“跳闸”强调从市场中取得报酬，各自主经营体之间、前后工序之间是互为咬合的关系（胡泳，2007）。这种制度实际上是管理会计理论中著名的“通过谈判确定、以市场定价为基础的内部转移价格定价方法”，这种定价方法的制度优点是众所周知的。但是它需要有真实的市场价格作为基础，价格决策很可能反映的是双方的谈判技能，而不是经济因素；这种方法需要耗费各责任中心管理者大量时间和精力，并可能歪曲各单元的真实信息；内部仲裁即“跳闸”的成本可能会居高不下。这些理论上的隐患是不能小视的。还有组织中的各部分围绕专门功能而设计的职能，比如财务、制造、市场、销售、工程和采购。每个职能有自己的知识、语言和文化。大多数组织在与这些专门职能进行沟通和协调时，如果遇到困难，会产生部门封锁，并成为实现战略的障碍。海尔的组织机构不能回避卡普兰提及的“封锁”与“障碍”问题。

3. 业绩评价与激励制度的改进

海尔考核各自主经营体的指标是各单元的盈利额、库存、应收、费用效率、预测准确率等。在海尔，考核各自主经营体的指标有各单元的盈利额、库存、应收、费用效率、预测准确率等。其中盈利额指标，尽管是基于管理会计的“内部利润”，但是这种利润指标会有下列问题：难以避免“利润指标游戏”；所用的成本实际上是“完全成本”，不进行任何差异分析，尤其是不进行必要的“价差”和“量差”分析，其考评必然属于“结果控制型”的制度安排；单纯的当期结果控制制度肯定引发“短视”，与战略主导的“任务控制”和“过程控制”是相悖的，这是因为现在海尔对各自主经营体考核使用的关键技术指标还是比较“货币化”的。

参考文献

1.Anli K Gupta,V Govindarajan.Business Unit Strategy, Managerial Characteristics,and business Unit Effectiveness at Strategy Implementation [J].The Academy of Management Journal,1984,27（1）,25-41.

2.Barney.Jay.B.& Hansen.M.H.Trustworthiness:Can it be a source of competitive advantage? [J].Strategic Management Journal,1994,15（52）,175-203.

3.Chang C,Sheales T. Australian iron ore trade with Japan:factors affecting market share[J].Agricultural and Resource,1993（2）,216-227.

4.Saeyoung Chang. Employee Stock Ownership Plans and Shareholder Wealth:An Empirical Investigation [J].Financial Management,1990,19（1）,48-58.

5.Vijgy Govindarajan .Implementing Competitive Strategies at the Business Unit Level:Implications of Matching Managers to Strategies[J].Strategic Management Journal,1989,10（3）,251-269.

6.A.K.Gupta.SBU Strategies,Corporate-SBU Relations,and SBU Effectiveness in Strategy Implementation[J].Academy of Management Journal,1987,30（3）,477-500.

7.Knut Haanes, Fjeldstad.Linking Intangible Resources and Competition [J].European Management Journal,2000,18

（1）,52-62.

8.Melvin Roush,Baber Shareof Mohammed.Management Control Systems:Performance Measurement, Evaluation and Incentives [J].Journal of Accornting & Organizational Change,2008,4（2）,204-206.

9.NJ Cannon,GW Ulferts,TL Howard.Research And Development Investment [J].Journal of Business & Economics Research. 2014,12（3）,291.

10.Marco Pagano,Ailsa Roell.The Choice of Stock Ownership Structure:Agency Costs,Monitoring,and the Decision to go Public[J].The Quarterly Journal of Economics,1998,113（1）,187-225.

11.Porter M E. What is strategy [J].Published November,1996.

12.Porter M E.Clusters and the new economics of competition [M].Boston, MA:Harvard Business School Press,1998.

13.Shank J.Govindarajan,V. Strategic Cost Management and the Value Chain [J].Journal of Cost Management,1992,12,5-21.

14.Simmonds K.Short marketing cases[M].P. Allan,1987.

15.Teemu Malmia,David A.Brown.Management control systems as a package-Opportunities,challenges and research directions[J].Management Accounting Research,2008,19（4）,287-300.

16.Tony Davila.An exploratory study on the emergence of management control systems:formalizing human resources in small growing firms[J].Accounting,Organizations and Society,2004,30（3）,223-248.

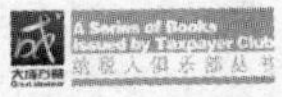

17.曹秀梅.共克疫情影响,提高铸造企业竞争力[J].铸造,2020,69（06）:662-667.

18.曹云.中小型国际货运代理企业业务流程优化研究[J].湖北经济学院学报（人文社会科学版）,2014,11（07）:27-28+37.

19.陈丽敏,张莉,丘文尉.中美贸易摩擦对广东高新科技行业的影响——以美国制裁华为为例[J].科技创新发展战略研究,2020,4（06）:54-60.

20.陈清.浅谈提高中小企业核心竞争力的方法[J].中小企业管理与科技（中旬刊）,2019（01）:134-135.

21.程勇,黄建华.多元化还是归核化?——一个基于企业核心资源视角的研究[J].科学学与科学技术管理,2009,30（05）:124-129+142.

22.程智.现代企业制度下的成本管理[J].经贸实践,2018（24）:245-246.

23.褚跃龙,王爽. 浅析企业应如何进行业务流程优化[J].辽宁工业大学学报（社会科学版）,2012（04）:14-16.

24.崔也光,高靖男.我国计算机通讯业企业无形资产质量分析——以华为与中兴通讯的对比分析为切入点[J].财务与会计,2019（11）:30-33.

25.戴德明,何广涛. 新竞争环境下战略成本管理研究——基于价值链的视角[M].北京:中国人民大学出版社,2014.

26.杜佳星.研发投入对提升企业绩效的影响——以华为和联想为例[J].经营管理,2019（35）:46-48.

27.方文,汪五一,滕蔚然.中国进口铁矿石定价权缺失的原因及对策[J].宜宾学院学报,2014,14（02）:55-60.

28.冯程.华为企业管理创新研究[J].经营与管理,2021

（01）:97-100.

29.冯浩,汪帆.技术创新与企业盈利能力——基于通信服务行业的分析[J].财务监督,2020（9）:94-99.

30.冯祈善,赖纯见,赵仁勇.基于AHP的企业核心竞争力评价[J].重庆大学学报（自然科学版）,2002（04）:99-102.

31.冯笑羽.进口铁矿石价格影响因素及对策研究[D].武汉:武汉理工大学,2015.

32.傅麟勇.防止人才流失 提高企业核心竞争力[J].四川水利,2019,40（03）:140-142.

33.高立新.企业规章制度信息化建设的研究[J].法制博览,2019（11）:282-283.

34.高兴佑.我国铁矿石定价话语权与产业发展[J].价格月刊,2015（07）:31-34.

35.管益忻.企业核心竞争力——战略管理赢家之道[J].中国人力资源开发,2003（04）:65.

36.郭殿东.企业隐性人力资本:知识转化与核心竞争力提升[D].大连:大连理工大学,2019.

37.郭琳.中国钢铁企业国际铁矿石谈判失利原因分析[D].长春:吉林大学,2014.

38.何会丽.联想和华为的成长路径及公司绩效比较研究[D].郑州:郑州航空工业管理学院,2017.

39.何小钢.核心资源、动态能力与跨产业升级——基于科技企业的跨案例研究[J].科学学与科学技术管理,2019,40（10）:129-145.

40.何晓玲.美的集团基于价值网的战略成本管理研究[D].兰州:兰州财经大学,2020.

41.胡恩华,单红梅,陈燕.企业核心竞争力的识别及综合模糊评价

[J].系统工程,2004（01）:48–51.

42.黄茂兴.竞争力理论的百年流变及其在当代的拓展研究[M].北京:中国社会科学出版社,2017.

43.黄馨. 基于财务视角的DH乳业有限公司核心竞争力分析[D].沈阳:沈阳农业大学,2019.

44.姜旭昊. 基于价值链的海底捞集团战略成本管理体系构建研究[D].哈尔滨:哈尔滨商业大学,2020.

45.蒋媛. 非金融企业金融化对资源配置效率影响的研究[D].湘潭:湘潭大学,2019.

46.焦明宇.我国国有企业组织结构变革研究[D].北京:首都经济贸易大学,2012.

47.鞠建东,马雪琰.美国国家紧急状态下的华为事件[J].清华金融评论,2019（06）:108–112.

48.乐艳芬.战略成本管理[M].上海:复旦大学出版社,2008.

49.乐艳芬. 战略成本管理与企业竞争优势[M].上海:复旦大学出版社,2006.

50.李成贞,徐冬生,曾福林.以资源配置为核心的工程项目成本管理模式研究[J].中国高新技术企业,2011（15）:110–112.

51.李从文. PPP投资、资源配置效率与企业绩效[D].武汉:武汉大学,2019.

52.李丹.现代企业制度下的成本管理模式探析[J].中国管理信息化,2019,22（12）:35–37.

53.李犟,吴和成.中国工业企业创新资源配置效率:演进,差异及提升路径[J].技术经济,2020,39（07）:54–62.

54.李杰.现代企业制度下企业成本管理问题研究[J].现代经济信息,2017（22）:143–144.

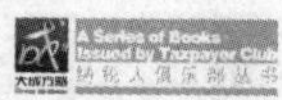

55.李灵.中兴事件分析及提高核心竞争力[J].现代企业,2020（07）:86-87.

56.李敏敏.优化资源配置　提高企业核心竞争力[J].铁道运输与经济,2005（05）:37-39.

57.李明敏.典型企业的组织结构案例及其设计分析[J].商展经济,2020（05）:61-64.

58.李新,朱彧谦.浅谈信息化时代的企业组织结构变革[J].河北企业,2020（10）:21-22.

59.李悦. 科技创新提升企业核心竞争力研究[D].长春:长春工业大学,2020.

60.李云鹤.基于自动化办公系统的数据挖掘及业务流程优化[D].北京:北京建筑大学,2020.

61.李运熙,朱伶俐.试论基于核心竞争力视角下的企业财务战略管理创新[J].时代金融,2018（36）:108+117.

62.林志扬.正确认识与识别企业的核心竞争力[J].中国经济问题,2003（02）:67-72.

63.刘可. 基于价值链理论的战略成本控制研究[D].长沙:长沙理工大学,2007.

64.刘梅玲,黄虎,李文生,潘丽春.智能财务建设之业务流程设计[J].会计之友,2020（14）:142-148.

65.刘世锦,杨建龙.核心竞争力:企业重组中的一个新概念[J].中国工业经济,1999（02）:64-69.

66.刘霞. 我国航天企业资源配置效率评价及优化对策研究[D].哈尔滨:哈尔滨工业大学,2019.

67.刘勇. 企业战略成本管理与核心竞争力的培育[D].北京:对外经济贸易大学,2005.

68.刘卓.我国在美上市互联网企业创始人的控制权的保护——以阿里巴巴合伙人制度为例[D].北京:北京工商大学,2016.

69.刘子靖.战略视角下的F公司组织结构优化策略研究[D].成都:西南交通大学,2016.

70.路志炜.TZF公司管理采购流程优化研究[D].天津:天津师范大学,2020.

71.吕晨,李莉,姜逸茵,杨堃,刘书宁.从“输血”到“造血”:互联网新创企业的核心资源构建[J].管理案例研究与评论,2019,12(06):560-579.

72.马传盛.海尔集团自主经营体管理模式案例研究[D].青岛:中国海洋大学,2012.

73.穆林娟,佟欣.实体企业金融化及其经济后果研究——以雅戈尔集团股份有限公司为例[J].财务管理研究,2020(01):51-58.

74.穆林娟,杨扬.国企混合所有制改革中的股权结构安排问题——以中航油与泽胜集团为例[J].财务与会计,2015(06):26-27.

75.穆林娟. 价值链成本管理为基础的跨组织资源整合与核心竞争力的提升:一个实地研究[A]. 中国会计学会教育分会.中国会计学会2012年学术年会论文集[C].中国会计学会教育分会:中国会计学会,2012:18.

76.欧阳辰星,游达明,李龙,潘攀.高管“抑制”对公司创新绩效的影响[J].系统工程,2017,35(03):64-72.

77.钱成.铁矿石定价机制研究[D].上海:东华大学,2013.

78.乔均,彭纪生.品牌核心竞争力影响因子及评估模型研究——基于本土制造业的实证分析[J].中国工业经济,2013(12):130-142.

79.任海云.公司治理对R&D投入与企业绩效关系调节效应研究[J].管理科学,2011,24(05):37-47.

80.沈昌满. 苏宁易购核心竞争力建设研究[D].海口:海南大学,2020.

81.师旭丽,唐定全,郭红锋.浅析企业如何进行流程优化[J].中国管理信息化,2020,23(03):97-99.

82.史隆芳.如何选择适合企业自身发展的组织管理结构[J].经济师,2017(05):264-265+267.

83.史永平.现代企业制度下提升成本管理水平的措施建议[J].企业改革与管理,2019(15):146-147.

84.侍娜.双重股权结构的应用价值及其实施效果的研究——以阿里巴巴为例[D].杭州:浙江工商大学,2019.

85.苏小龙. 新冠肺炎疫情影响下白酒行业G公司4P营销策略研究[D].成都:电子科技大学,2020.

86.孙可. M公司战略成本管理案例分析[D].北京:中国财政科学研究院,2016.

87.孙桐.上市公司双重股权制度研究——以阿里巴巴为例[D].哈尔滨:哈尔滨商业大学,2019.

88.汤谷良,穆林娟,彭家钧.SBU:战略执行与管理控制系统在中国的实践与创新——基于海尔集团SBU制度的描述性案例研究[J].会计研究,2010(05):47-53+9.

89.唐修梅. 基于价值链分析法的F公司业务流程优化研究[D].上海:东南大学,2018.

90.唐颖颖.我国资源性产品国际贸易中“价格困境”背后的市场结构研究[D].太原:山西财经大学,2016.

91.唐占海.论企业规章制度管理与企业健康发展[J].铁路采购与物流,2018,13(09):39-41.

92.田超.核心能力战略及实证研究[D].上海:复旦大学,2003.

93.汪秋丰.L公司物流部业务流程优化研究[D].上海:东华大学,2014.

94.王洁. 优化业务流程提升竞争能力[J].金融经济,2018,(20):127-128.

95.王兰芳,王悦,侯青川.法制环境、研发“粉饰”行为与绩效[J].南开管理评论,2019,22(02):128-141+185.

96.王佩宇.研发投入对高新技术企业业绩的驱动效应研究——以中兴通讯为例[D].南昌:华东交通大学,2020.

97.王雄元,张鹏. 战略成本管理[M].北京:原子能出版社, 2007.

98.王乙.关于加强企业规章制度建设的思考[J].人才资源开发,2017(18):170-171.

99.王再平.资源、能力与企业核心竞争力研究综述[J].经济纵横,2007(06):85-87.

100.王哲.我国上市公司员工持股计划方案分析与改进——以苏宁易购为例[D].北京:北京工商大学,2020.

101.王正蒙.中美贸易战背景下我国高新科技行业产业政策的反思与调整——基于华为事件的启示[J].新视界,2019(10):91-96.

102.武新丽. 中小企业核心竞争力的战略管理研究[D].北京:北京邮电大学,2014.

103.向洁.双重股权结构在我国上市公司的可行性分析——以阿里巴巴为例[D].北京:北京工商大学,2016.

104.谢珺.财务资源配置对企业核心竞争力的影响研究[J].时代金融,2011(33):21-22.

105.徐海波.不确定环境下的企业组织结构研究[D].上海:东华大学,2008.

106.徐锐. 企业变革中的业务流程分析与优化[J].信息技术与信

息化,2010（03）:21–25.

107.徐唯燊.全球铁矿石定价机制的演变历程和博弈分析[J].价格刊,2015（06）:6–9.

108.徐云飞.新冠疫情背景下创新驱动与企业竞争力提升[J].大陆桥视野,2020（06）:80–82+85.

109.薛熠,金枫,李经纬.中美贸易关系的演进、影响与我国企业的应对[J].宏观质量研究,2020,8（01）:1–18.

110.杨栋,梁霄.我国通信企业提升核心竞争力路径——从中兴和华为事件说起[J].国际观察,2019（04）:48–21.

111.杨熙龙. 基于桑克模式的小米公司战略成本管理研究[D].郑州:华北水利水电大学,2019.

112.杨宇飞.中小企业基于核心竞争力的战略管理探讨[J].经贸实践,2016（17）:121+123.

113.要世聪. 企业生命周期视角下成本领先战略对核心竞争力的影响[D].天津:天津财经大学,2015.

114.尹蓉.现代企业规章制度体系建设模式研究[J].中国电力教育,2013（02）:215–216.

115.于亚敏. 战略成本控制模式研究[D].青岛:中国海洋大学,2003.

116.余青英.海尔集团战略成本管理的案例分析——基于业务流程重组的视角[D].南昌:江西财经大学,2017

117.袁博,王国平,李钟山,柳群义,孙立楠,赵敏.我国进口铁矿石定价权缺失的原因和对策建议[J].中国矿业,2017,26（10）:97–100.

118.袁娜.浅谈企业组织结构及其设计的原则和影响因素[J].现代营销（经营版）,2019（07）:146–148.

119.袁远.*ST康得员工持股计划实施失败案例分析[D].南昌:江

西财经大学,2020.

120.张德银.商业银行核心竞争力与财务资源配置研究[J].金融论坛,2003（01）:22–27.

121.张文靖.SU公司组织结构研究[D].济南:山东大学,2018.

122.张晓丽.上市企业资源配置效率与壳价值的关联性分析[J].宜春学院学报,2020,42（01）:45–49.

123.孙可. M公司战略成本管理案例分析[D].北京:中国财政科学研究院,2016.

124.张志梅.中瑞国际投资有限公司组织结构设计研究[D].秦皇岛:燕山大学,2016.

125.赵彬.某高科技企业组织结构设计研究[D].成都:西南交通大学,2016.

126.赵鹏.房地产开发企业组织结构设计对成本管理影响机理研究[D].重庆:重庆大学,2014.

127.赵衍.海思,成就华为手机核“芯”竞争力[J].上海管理科学,2016,38（6）: 62–66.

128.周文山.论现代企业管理制度创新方针[J].全国流通经济,2019（26）:74–75.

129.周智颖.基于无形资源的企业竞争优势理论与实证研究[D].重庆:重庆大学,2010.